Business Process Re-design

業務プロセス改革

業務を可視化する考え方と実践法

平山賢二 [著]
Kenji Hirayama

中央経済社

甲南大学社会科学研究科経営学専攻
マネジメント・ドクター・シリーズ第1号

本書は,甲南大学大学院社会科学研究科経営学専攻博士後期課程における課程博士論文を「甲南大学社会科学研究科経営学専攻マネジメント・ドクター・シリーズ」として出版するものである。また,甲南大学経営学会より出版助成を受けている。

まえがき

　本書は，私が甲南大学大学院社会科学研究科経営学専攻博士後期課程において，2014年4月から2015年3月まで在籍し，博士学位論文としてまとめた「経営管理におけるKPIプールを活用した業務プロセス改革に関する研究」をもとにしている。

　私は，30年以上にわたり，製造業における実務と，さらに経営コンサルタントとして，経営の実務の世界に携わってきた。その経験や知見は，学界における諸先生方の経営や経営学に対する経験や知見とは異なる視点があると思われる。その異なる視点からの取り組みを整理する機会を与えていただき，さらにその取り組みを学問の視点から深く研究し論文にまとめることができたのは，望外の幸せである。

　甲南大学大学院社会科学研究科経営学専攻は，実業界で活躍し，一定の業績を残してきた人材に対して，学問の視点から研究する機会を与える取り組み（研究成果として，本書「マネジメント・ドクター・シリーズ」の公刊）をしている。その取り組みに身を投じて，悪戦苦闘してきた経験から言えることは，実業界での経験や知見を学問の世界に活かして，論文にまとめるのは，実は容易なことではないということであった。

　まず，現役のコンサルタントとして，多くの時間をクライアント先で過ごしながら，研究を進めることの時間的制約がある。しかし，時間的制約は，実は大きな制約ではないのではないかというのが実感である。時間の制約があるから集中して深く考えることができたし，もし，時間が十分にあったとすれば，その取り組みも緩慢なものになり，成就しなかったと思う。

　次に，スキルの問題がある。会社で地位が上がれば，自らが考え，それを文章にすることは少なくなる。部下からの報告をレビューし，判断することが仕事になっているからである。私の場合は現在も第一線で，自らパワーポイント，エクセル，ワードを駆使して，クライアントに提出する報告書を作成している。

文章を作り続けていることにより，学問の世界での思考や作法に短期間で慣れることができた。

さらに，研究するテーマの選択である。私は入学が決まる半年前から論文のテーマやその内容，具体的には論文の目次やその内容の概略をまとめて準備をした。入学の試問では，その内容を説明して，1年間で達成できる高い可能性があることをアピールした。入学してからテーマを考えるような悠長なことでは短期間で成果をあげることはできない。

最後は検証する手段である。学問は「AはBである。何故ならば，……」という検証が必要である。検証がなければ，単なる主張に過ぎない。この検証方法として経営学の分野では，たとえば，実業界に対するアンケートや論文の精査による検証が行われている。私の場合は，自らが実践してきたプロジェクトが最も価値のある検証手段である。その検証にあたり，事例の開示を快諾いただいた企業の経営者，管理者の信頼があったからこそ論文は論理的に成立した。

実業界で活躍し，その成果を論文にまとめたいと思う志のある方々にとって，私の取り組みが少しでも示唆に富む内容であり，参考になれば幸いである。

謝　辞

本書の刊行にあたり，私の取り組みを支えていただいた方々に謝辞を述べたい。

最初に，甲南大学大学院社会科学研究科経営学専攻　内藤文雄教授に謹んで感謝の意を表したい。何よりもこのような研究の機会を目の前にして，逡巡する私の背中を押していただいた。また，論文のレビューにあたっては，厳しい指摘と丁寧なご指導を賜った。

長坂悦敬教授には，研究指導教員・審査主査として，1年間にわたりご指導をいただいた。研究の開始4カ月後の2014年8月より甲南大学学長に就任され，極めて多忙と思われる中で，実に丁寧で根気強いご指導をいただいた。そのお蔭で，私の論文はその内容を深めることができたことに深く感謝する次第であ

る。

　同じく甲南大学の河野昭三教授には，論文の最終レビューを含め多大なる助言をいただいた。心より感謝の意を表したい。

　また，研究論文で多くの事例を公開することのご承諾いただいた方々と企業に厚く御礼を申し上げる。

　広島銀行法人営業部 小池政弘部長と，金融サービス室 房安徹也室長には，10年以上にわたる広島銀行とその取引先企業との間で積み重ねてきた多くの取り組みの成果の公開だけではなく，「戦略展開フロー」の研修において，行員の皆様の参画の機会を作っていただいた。心より感謝いたします。

　住野工業株式会社 佐藤丈夫代表取締役会長，住野正博代表取締役社長に心より感謝いたします。国内事業のみならず，海外事業においても取り組みの機会をいただき，永いお付き合いの中で多くの示唆に富むご指導をいただいた。

　同じく事例の開示を快諾していただいた谷村電気精機株式会社 谷村久興代表取締役会長，谷村康弘代表取締役社長には，長年にわたりご支援の機会をいただいた。心より感謝いたします。

　日立ディスプレイズ株式会社（現：株式会社ジャパンディスプレイ）矢野友隆業務改革本部長には，日立ディスプレイズ株式会社時代からご支援の機会をいただき，現在の株式会社ジャパンディスプレイでも引き続きご支援の機会を賜わり，心より感謝いたします。

　株式会社アミック 田北暁代表取締役社長には，製造業のシステム化の重要性に共鳴し，共同してクライアント会社のシステム化に取り組む機会をいただき，「戦略展開フロー」の研修において，社員の皆様の参画の機会を作っていただいた。心より感謝いたします。

　論文作成にあたり，サイバー大学 勝眞一郎専任教授には，論文の構想をまとめる際に議論をする機会を作っていただいた。氏がヤンマー株式会社に在籍時からの永年のお付き合いであり，その討議は実に楽しく有意義な時間であった。また，事例で紹介している「戦略展開フロー」の研修においてサポートし

ていただいたことに深く感謝する次第である。

　私が在籍し，私が担当役員として遂行してきたプロジェクトにおいて，ともにその品質を高めてきた株式会社アットストリームの仲間に深く感謝したい。クライアント本位に働く，その誠実な取り組みによってはじめて，私の論文は実用性と論理性を高めることができた。

　特に，塚平竜彦氏には，「業務機能プール」の開発にあたり，その初期段階から取り組み，多くの助言と示唆をいただいた。大矢好彦氏には，多くのデータの処理方式について助言をいただいた。また，事例で紹介している「戦略展開フロー」の研修においては，その研修をサポートしていただいた。深く感謝申し上げたい。

　最後に，株式会社アットストリームを創業し，15年間にわたり共に経営者として切磋琢磨してきた大工舎宏氏，安達悟志氏，中平将仁氏に厚くお礼申し上げる。

2015年7月

平山　賢二

目　　次

まえがき　*i*

序　章　本書の問題意識と課題・構成 —————————— *1*

第1章　業務プロセス改革における3つのレベル —————— *7*

 1.1　業務レベルと管理レベル，戦略レベル・*7*
 1.2　3つのレベルと検討のフレームワーク・*8*
 1.3　業務レベルの課題への取り組み・*11*
 1.4　管理レベルの課題への取り組み・*19*
 1.5　戦略レベルの課題への取り組み・*22*

第2章　業務プロセス改革における
　　　　「業務機能プール」の活用 ————————————— *27*

 2.1　本章の概要・*27*
 2.2　業務機能の抽出に関する従来法の課題・*28*
 2.3　「業務機能プール」の詳細・*32*
 2.4　自己チェックによる業務の可視化・*43*
 2.5　業務フローの自動作成業務と可視化・*48*
 2.6　まとめ・*60*

第3章　「業務機能プール」を活用した
　　　　業務プロセス改革の事例 ———————————— *61*

 3.1　本章の概要・*61*

3.2 加工組立型製造業を対象にした地方銀行の事例・62
3.3 自動車部品製造会社における「業務機能プール」の活用事例」の活用事例・68

第4章 「KPIプール」による業務プロセス改革 ── 75

4.1 本章の概要・75
4.2 KPI抽出および設定における従来法の課題・76
4.3 「KPIプール」の開発によるKPI抽出を支援する方法の検討・84
4.4 まとめ・92

第5章 「KPIプール」による業務プロセス改革の事例 ── 93

5.1 本章の概要・93
5.2 中堅製造業の社内板金工場における「KPIプール」の活用事例・94
5.3 自動車製造会社における「KPIプール」の活用事例・97
5.4 液晶製造業における「KPIプール」の活用事例・98

第6章 「戦略展開フロー」による業務プロセス改革 ── 105

6.1 本章の概要・105
6.2 「戦略展開フロー」の開発・106
6.3 従来法と「戦略展開フロー」の比較・111
6.4 戦略・戦術・KPIの統合・117
6.5 KPI候補と業務機能候補の同時抽出・121
6.6 まとめ・127

第7章 「戦略展開フロー」による業務プロセス改革の事例 ―― 129

7.1 本章の概要・*129*

7.2 業務プロセス改革研修における「戦略展開フロー」の活用・*129*

7.3 中堅製造業における「戦略展開フロー」の適用事例・*149*

第8章 まとめと展望 ―― 159

8.1 業務プロセス改革における可視化手法の概観・*159*

8.2 今後の展望・*161*

参考文献・*167*

索　引・*168*

図表目次

図表1-1　3つの課題とそのフレームワーク・*8*
図表1-2　ERPパッケージを使ったグローバル経営システムの構築・*12*
図表1-3　システム化を伴う業務改革プロジェクトの概要：全体図・*16*

図表2-1　「業務機能プール」の対象業務機能：加工組立型製造業の例・*34*
図表2-2　「入出庫管理」業務の例・*37*
図表2-3　「業務機能プール」のレイアウト・*38*
図表2-4　各レベルの業務機能数・*39*
図表2-5　システム機能と実現性の評価・*41*
図表2-6　自己チェックのための「業務機能プール」のレイアウト・*45*
図表2-7　「業務機能プール」による業務プロセス改革の流れ・*51*
図表2-8　「業務機能プール」による業務の可視化・*53*
図表2-9　自己チェックの集計結果の例・*55*
図表2-10　自動作成された業務フローの例・*57*
図表2-11　業務プロセス改革の方向性の提示例・*58*

図表3-1　「業務機能プール」を使った可視化の取り組み・*64*
図表3-2　「業務機能プール」を使って業務の可視化を行った作業計画書・*65*
図表3-3　「業務機能プール」による可視化と従来法の比較・*66*
図表3-4　「業務機能プール」による国内業務の可視化への取り組み・*69*
図表3-5　「業務機能プール」による業務可視化の効果：概算所要日数・*71*
図表3-6　システム化プロジェクトの概要・*73*

図表4-1　KPIの設定における従来法（思考を支援するガイド）の位置づけ・*77*
図表4-2　「4×3マトリックス」の例・*79*
図表4-3　「5つの視点法」の概要・*81*

図表4-4	「うまくいっている，うまくいっていない法」の例・**83**	
図表4-5	「KPIプール」の位置づけ・**86**	
図表4-6	「KPIプール」のレイアウト・**87**	
図表4-7	文字検索（"在庫"）の抽出結果：一部・**90**	
図表4-8	Excelのフィルタ機能を使ったKPI候補の抽出例：一部・**91**	
図表5-1	板金加工工場（第2工場）における生産工程の模式図・**94**	
図表5-2	文字検索によるKPI候補の抽出と検討例・**96**	
図表5-3	小型液晶製造の戦略マップ：全体・**100**	
図表5-4	小型液晶製造の戦略マップの模式図：一部抜粋・**101**	
図表5-5	スコアカードにおけるKPIの数・**103**	
図表6-1	「戦略展開フロー」の構成・**108**	
図表6-2	従来法と「戦略展開フロー」の比較・**112**	
図表6-3	「KPIプール」における戦略・戦術・KPIの関係・**118**	
図表6-4	名寄せされた戦術名：抜粋・**119**	
図表6-5	「戦略・戦術マトリックス」：抜粋・**122**	
図表6-6	検索画面のレイアウト・**124**	
図表6-7	同時検索したKPI候補の例・**125**	
図表6-8	同時検索した業務機能候補の例・**125**	
図表6-9	KPI候補と改善対象業務の関連性の検討例・**126**	
図表7-1	研修の目的と「戦略展開フロー」活用の狙い・**130**	
図表7-2	研修プログラム・**132**	
図表7-3	ケースAの説明・**132**	
図表7-4	ケースBの説明・**133**	
図表7-5	研究仮説とアンケート調査票の関係・**136**	
図表7-6	アンケート調査用紙#1における2種類の問いかけのパターン・**137**	
図表7-7	研修受講者属性とアンケート調査結果の相関分析・**138**	
図表7-8	研修受講者の3つのカテゴリーの比較・**139**	

図表7-9　アンケート調査結果の記述統計分析・*141*
図表7-10　「戦略・戦術マトリックス」に対する研修受講者の回答結果・*142*
図表7-11　戦術からKPIを抽出する手法に対する研修受講者の回答結果・*144*
図表7-12　戦術から対象業務を抽出する手法に対する研修受講者の
　　　　　回答結果・*145*
図表7-13　戦術・KPI・業務機能のセットを作成する手法に対する
　　　　　研修受講者の回答結果・*147*
図表7-14　「戦略展開フロー」による推進プログラム・*152*
図表7-15　既存の管理帳表から抽出・整理した戦術とKPIの関係：抜粋・*154*
図表7-16　「戦略展開フロー」による戦術候補とKPI候補の整理：抜粋・*156*
図表7-17　戦術，KPIと業務プロセス改革対象業務：抜粋・*157*

序 章
本書の問題意識と課題・構成

　海外事業活動基本調査[1]（経済産業省，2012年度実績，2013年7月）によれば，海外生産比率[2]は，海外進出企業ベースで29.7％（2003年度）から33.7％（2011年度）に上昇し，国内全法人ベースでは15.6％（2003年度）から20.3％（2011年度）に上昇している。また，現地・域内調達比率[3]は，アジア地域で67.6％（2003年度）から71.0％（2012年度）に上昇。海外研究開発比率[4]は2009年度の3.0％から一貫して上昇しており，2012年度には4.4％になっている。

　このように，日本企業の海外事業活動は増加傾向にあり，実際に，コンサルティングの実務では，海外事業を対象にした業務プロセス改革プロジェクトが増えている。また，国内事業においても，海外事業との間で業務の接点が増え，結果として海外事業の実態を調査し，その結果を国内事業の業務プロセス改革に反映させることが必要になっている。

　たとえば，中国をはじめとしたアジア地域に進出した当初は，人件費が安いことが最大の進出動機であった。その時には，材料や部品を国内から輸出し，進出先の自社工場で加工・組立を行い，製品を国内に輸入していた。しかし，最近は，現地で材料や部品を調達し，現地で加工・組立を行い，現地で販売するようになってきた。つまり，生産拠点としての海外進出から，現在では，生

---

[1] 海外事業活動基本調査は，「我が国企業の海外事業活動の現状と海外事業活動が現地および日本に与える影響を把握することにより，今後の産業政策および通商政策の運営に資するための基礎資料を得ることを目的としている」（経済産業省ホームページより）。
[2] 海外生産比率＝現地法人売上高／（現地法人売上高＋国内法人売上高）×100.0（海外進出企業ベースまたは，国内全法人ベース）
[3] 現地・域内調達比率＝現地・域内調達額／（地域の総販売額）×100.0
[4] 海外研究開発比率＝現地法人研究開発費／（現地法人研究開発費＋国内研究開発費）×100.0

産管理業務，購買業務，さらには販売から売掛金の回収まで，現地の生産会社が担当する業務機能の範囲が拡大している。

一方，国内事業においては，生産量が増えない中で，生産規模の縮小と海外事業拡大により，ますます国内事業と海外事業を一体で考える業務プロセス改革が必要になり，その企画や実行が重要になっている。

その業務プロセス改革には，まず，業務全体を可視化するための理論と手法が必要になる。そして，可視化のためには，とくに現状の業務を効率的に把握すること，および定量的，かつ，わかりやすく業務を可視化ことが重要である。しかし，実務では，業務実態の把握に多くの時間がかかっており，そのことが業務プロセス改革活動の初期段階において，スピードの低下や多大なコストがかかる原因になっている。

一般に，組織横断プロジェクトとして行われる業務プロセス改革などでは，次のような問題がある。

① 業務プロセス改革チームのメンバーは，数名程度で，全員兼務者であり，プロジェクト活動に多くの時間は割けない。
② メンバーは所属組織の業務については精通していても，他の組織の業務についての知識は少ない。
③ メンバーの経験の浅い領域や組織間にまたがる領域に関する業務の設定は容易ではない。
④ 適切ではない，または，事実と異なる業務のとらえ方をすると，経営管理活動とその成果の整合性が取れない事態に陥る。

このような問題は，組織が開発や営業，製造など機能別に設計されていることに起因すると考えられる。

一方，たとえば，営業部員により受注伝票が起票されると，その情報は営業業務部門に伝えられると同時に，営業業務部門では在庫を確認して引当てをし，倉庫業務部門に出荷指示情報を伝える。このように仕事の流れは組織をまたがった一連の業務プロセスとして捉えられる。つまり，業務とは業務機能と業務プロセスの2つの側面で把握されると考えられる。

そこで，業務プロセス改革には業務機能の側面からの取り組みと，業務プロセスの側面からの取り組みを統合したアプローチが必要になる（平山，1994）。

　本書では，業務プロセス改革の考え方と実践法を示し，事例を紹介する。それによって，読者が現状把握と分析を合理的に行い，経営計画や経営戦略と整合性のある業務プロセス改革の進め方について理解を深めることを狙いとしている。

　本書の最重要キーワードは下記の3つであり，まず定義を明らかにしておく。

① 「業務機能プール」――企業におけるさまざまな業務を業務機能で表現した一覧表（業務機能調査表）に対して，現状把握と分析のために自己チェック欄を設け，自己チェックによる現状業務の把握と分析を可能にした方法論。さらに，自動的に業務フローを作成し，業務を機能とフローの両面から現状業務の把握と分析を行うことができる。

② 「KPIプール」――一般的に紹介されているKPIとその定義の一覧表に対して，そのKPIをいくつかのカテゴリーで区分して示し，さらにそのKPIが使われると思われる戦略および戦術をひもづけた成果物と，それによるKPIの設定に関する方法論。

③ 「戦略展開フロー」――「業務機能プール」と「KPIプール」を同時に連動して検討することによって，経営戦略や戦術とひもづいた業務プロセス改革の対象業務やKPIを抽出する方法論。

　また，本書の構成は次頁の図表のとおりである。

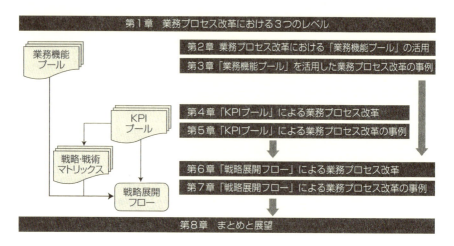

「第1章 業務プロセス改革における3つのレベル」では,業務プロセス改革の対象である業務を業務機能の側面と業務プロセスの側面の両面から現状を可視化することにより,業務プロセス改革の成果をあげる手法の体系を示す。すなわち,業務レベル,管理レベル,戦略レベルの3つの領域の課題解決に貢献する業務プロセス改革のための新手法の体系について説明する。

「第2章 業務プロセス改革における『業務機能プール』の活用では,効率的,効果的な現状業務の可視化のための取り組みについて述べる。

最初に,業務機能の抽出に関する従来法の課題について述べ,次に,業務の機能に注目し,業務機能の可視化を実現するために考案した「業務機能プール」について説明する。これは,業務の有無やその管理水準を可視化することを目指したものである。さらに,業務のプロセスに注目し,業務プロセスを可視化するという課題にも言及する。すなわち,「業務機能プール」の結果を業務フローで表現し,業務を機能とプロセスの両面から同時に可視化する手法について言及する。

「第3章 『業務機能プール』を活用した業務プロセス改革の事例」では,実際に,「業務機能プール」を地方銀行が取引先企業である加工組立型の製造業に適用し,資金の貸し手である銀行と資金の借り手である企業の双方において,業務の可視化による現状把握と課題抽出が効率的に行われ,銀行による経営改

善支援と企業における業務プロセス改革の推進に役立っている事例を示す。

また，自動車部品製造業のISP（Information Systems Planning：情報システム化計画）プロジェクトに適用し，実際に業務機能と業務プロセスの両面から新業務を効率的に設計し導入した事例を示す。

「第4章 『KPIプール』による業務プロセス改革」では，業務プロセス改革プロジェクトにおいて，改善された業務の成果を計測するために必要な，最適なKPIの抽出方法について説明する。

具体的には，多くの業務プロセス改革事例からKPIを収集・整理し，必要なKPIの設定を支援するツール「KPIプール」を紹介し，KPI抽出および設定における従来法に対して，「KPIプール」によるKPI抽出を支援する方法が有用であることを述べる。

「第5章 『KPIプール』による業務プロセス改革の事例」では，実務を通して考案した「KPIプール」を中堅の製造業の業務プロセス改革プロジェクトに適用した事例を示す。また，大手電子部品製造業のパフォーマンス・マネジメント改革に適用した事例について述べる。

「第6章 『戦略展開フロー』による業務プロセス改革」では，業務プロセス改革の取り組みを経営者の戦略や戦術と関係づけることによって，業務プロセス改革が経営計画や経営戦略と整合性が確認され，その結果，業務プロセス改革の取り組み成果をあげる手法について説明する。具体的には，明文化された経営戦略や経営計画のみでなく，経営者の曖昧な表現で語られた経営意思に対して，「戦略・戦術マトリックス」で，その取り組みを具体的な表現で表す。そして，「業務機能プール」と「KPIプール」を同時に，戦略や戦術と関連づけて検討する「戦略展開フロー」の考え方と進め方について述べる。

「第7章 『戦略展開フロー』による業務プロセス改革の事例」では，「戦略展開フロー」を実際に地方銀行と中堅のシステム開発会社の業務プロセス改革推進メンバーを対象とした業務プロセス改革研修に適用した事例を紹介する。研修では，研修受講者のほとんどにおいて「戦略展開フロー」を活用すれば自信をもって業務プロセス改革が推進できるようになるという認識をしたことがアンケート調査で確認できた。

さらに，中堅の機械製造業に「戦略展開フロー」を適用して，中期経営計画策定における戦術の抽出と整理，KPIの設定ならびに業務プロセス改革に役立てた事例を紹介する。

　「第8章　まとめと展望」では，本書における取り組みについて，その要約，貢献と限界について述べ，さらに今後の展望について述べる。

　今後の展望では，特に，業務プロセス改革プロジェクト以外の分野への適用に関しては，海外事業会社の業務監査ならびに経営管理のモニタリングへの活用，経営計画策定への適用およびABL（動産・売掛金担保融資）における最適なKPIの設定への適用について述べる。

　すなわち，グローバル化する企業活動において，また国内における事業環境の変化に対して，経営者が直面する課題への対応において，本書で紹介する考え方と手法が広範囲に適用されるテーマであることを述べる。

第1章 業務プロセス改革における3つのレベル

1.1 業務レベルと管理レベル，戦略レベル

　業務プロセス改革では，業務レベルの課題と管理レベルの課題および戦略レベルの課題がある。業務レベルの課題として，効率的かつ効果的な現状業務の可視化がある。

　現状業務を可視化することができれば，現状業務の課題を共有化することが可能になり，業務改革プロジェクトのメンバーや業務改革対象部門のメンバーは，業務プロセス改革の課題に対して，課題解決のための施策を立案し，組織において合意形成を効率的かつ効果的に行うことができる。また，具体的に新業務を効率的かつ効果的に設計することができる。

　管理レベルの課題として，業務プロセス改革に最適なKPI（Key Performance Indicator：重要業績指標）の設定がある。最適なKPIを設定することによって，業務プロセス改革プロジェクトの管理と評価が可能になる。また，業務プロセス改革による経営成果を把握することができる。

　戦略レベルの課題として，戦略・戦術にひもづいた業務プロセス改革対象業務の抽出がある。戦略・戦術にひもづいた業務プロセス改革対象業務を抽出し，その業務を対象にして業務プロセス改革を実施することによって，経営戦略・戦術と整合性のある業務プロセス改革を推進することができる。それによって，経営の目指す戦略・戦術の実現に貢献することができる。

　本章では，上記で述べた業務レベル，管理レベル，戦略レベルの3つの領域

の課題解決に貢献する業務プロセス改革のための考え方と方法論について述べる。

1.2 3つのレベルと検討のフレームワーク

1.2.1 検討のフレームワーク

業務プロセス改革の対象である業務を業務機能の側面と業務プロセスの側面の両面から現状を可視化することにより、業務プロセス改革の成果をあげる。その考え方と方法論を検討するにあたり、フレームワークを図表1-1に示す。

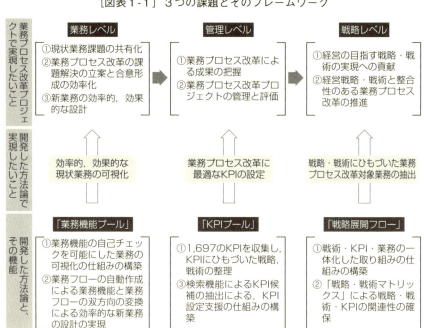

[図表1-1] 3つの課題とそのフレームワーク

1.2.2　業務レベルの課題と実現したいこと

業務プロセス改革プロジェクトで実現したい業務レベルの課題は，
① 　現状業務課題の共有化
② 　業務プロセス改革の課題解決の立案と合意形成の効率化
③ 　新業務の効率的，効果的な設計

である。
そのためには，効率的，効果的な現状業務の可視化が重要であり，そのために有効な方法論が必要である。方法論としては，
① 　業務機能の自己チェックを可能にした業務の可視化の仕組みの構築
② 　業務フローの自動作成による業務機能と業務フローの双方向の変換による効率的な新業務の設計の実現

の2点が重要である。
具体的には，効率的かつ効果的な現状業務の可視化に対して，加工組立型製造業を対象にした業務機能調査表を作成し，この業務機能調査表に業務機能の自己チェク機能を付加した「業務機能プール」を考案し，さらに，業務フローの自動作成および業務機能と業務フローの双方向の変換による新業務の設計を可能にした。

1.2.3　管理レベルの課題と実現したいこと

業務プロセス改革プロジェクトで実現したい管理レベルの課題は，
① 　業務プロセス改革による成果の把握
② 　業務プロセス改革プロジェクトの管理と評価

である。
そのためには，業務プロセス改革に最適なKPIの設定が重要であり，そのために有効な方法論が必要である。方法論として，
① 　1,697のKPIを収集し，KPIにひもづいた戦略，戦術の整理
　　を行い，
③ 　検索機能によるKPI候補の抽出による，KPI設定支援の仕組みの構築

を行った。

　具体的には，業務プロセス改革に最適なKPIの設定については，コンサルティングの実務を通して，1,697のKPIを収集し整理し，このKPIのすべてに，戦略および戦術をひもづけて整理した。さらに，Excelの検索機能を使って，KPI候補を抽出し，最適なKPIの設定を支援する方法論として，「KPIプール」を考案した。

1.2.4　戦略レベルの課題と実現したいこと

　業務プロセス改革プロジェクトで実現したい戦略レベルの課題は，
① 　経営の目指す戦略・戦術の実現への貢献
② 　経営戦略・戦術と整合性のある業務プロセス改革の推進
である。

　そのためには，戦略・戦術にひもづいた業務プロセス改革対象業務の抽出が重要であり，そのために有効な方法論が必要である。方法論として，
① 　戦術・KPI・業務の一体化した取り組みの仕組みの構築
② 　「戦略・戦術マトリックス」による戦略・戦術・KPIの関連性の確保
を行った。

　具体的には，戦略・戦術にひもづいた業務プロセス改革対象業務の抽出については，戦略と戦術の関係を整理した，「戦略・戦術マトリックス」を考案し，戦略から戦術を検索したり，戦術から戦略を検索することを可能にした。さらに，その戦術をキーワードにして，「KPIプール」からKPI候補を抽出し，同時に「業務機能プール」から業務プロセス改革の対象業務候補を抽出することによって，戦術・KPI・業務の一体化した取り組みを可能にした方法論として，「戦略展開フロー」を考案した。

1.3 業務レベルの課題への取り組み

1.3.1 ERPの出現により変わる業務プロセス改革における業務課題

従来，業務プロセス改革にあたっては，
① 現状の業務を把握する
② 現状の業務の問題点を把握する
③ 新業務を設計する
④ 新業務を構成するシステムを企画・設計・開発・導入する

というウォーターフォール・モデル[1]によるプロジェクト推進方法が適用されてきた。

しかし，1990年代初頭にマイケル・ハマー，ジェイムズ・チャンピ（1993）によってBPR（Business Process Re-engineering）[2]という手法が紹介され，業務プロセス改革の取り組み手法に大きな変化が起きた。また，それとほぼ同時期にERPパッケージ（ERP：Enterprise Resource Planning）[3]が日本で販売開始され，システム化を伴う業務改革プロジェクトの進め方が大きく変わるきっかけとなった。

図表1-2は，1995年当時，アーサーアンダーセン[4]が外部向けのセミナー等で使用していたプレゼンテーション資料の一部である。図表1-2では，ERPパッケージは業務要件の決定やシステム要件の決定だけでなく，そのシステム

---

1 ウォーターフォール・モデル（waterfall model）とは，システムの開発手順を示す手法の1つで，その開発手法はウォーターフォール開発（waterfall development）と呼ばれる古典的な手法である。システム全体を分析・設計・実装・テスト・運用などの順に行っていく手法である。
2 企業活動や業務の流れを分析し，最適化するために，ビジネス・プロセスの視点から，組織，業務プロセス，情報システム等を再設計し，顧客に対する価値を高める一連の改革手法。
3 企業における基幹業務である製造・物流・販売・調達・人事・財務会計などを統合的に管理し，経営の効率化を図るための手法であり，これを実現するための統合基幹業務システムが「ERPパッケージ」である
4 1990年代において，世界5大会計事務所の1つで，監査・税務・ビジネスコンサルティングを3つの柱とした業務を展開していたが，エンロン社の粉飾会計に関与したとして，2002年に解散した。

[図表1-2] ERPパッケージを使ったグローバル経営管理システムの構築
　　　　　―アーサーアンダーセンのセミナー資料（1995年）より―

グループ経営情報インフラ実現方法

グループ経営を視野に入れた経営管理システムを実現するために，現状の経営情報インフラを再構築する必要がある。その際に有効な手段として，ERPパッケージ(Enterprise Resource Planning)が有効である。

×：不適合　△：一部適合　◎：適合

	評価ポイント	現行システム	オーダーメイド	会計パッケージ	ERPパッケージ
グループ経営情報の要件	マネジメントへの経営情報の提供	×	◎	△	◎
	グループ経営情報の提供	×	◎	△	◎
	管理会計情報の提供	×	◎	△	◎
	単体の財務会計情報の提供	△	◎	◎	◎
グループ経営情報システムの要件	グループ標準化	×	◎	◎	◎
	統合データベース	×	◎	△	◎
	リアルタイムトランザクション処理	×	◎	△	◎
	フレキシビリティ	×	×	△	◎
	分析ツール(OLAPツール)の利用	×	△	△	◎
導入・運用	開発期間	―	×	◎	◎
	サポート	×	◎	◎	◎
	会計以外への拡張性	×	△	×	◎

の開発・導入・運用面でも他の手法（図表では，オーダーメイド，会計パッケージ）より優れており，すべての項目にわたって最適であることを示している。すなわち，ERPパッケージはベスト・プラクティスの業務機能と業務プロセスを備えており，他のシステムとのインターフェースも最適であるので，ERPパッケージを使って現状の業務を変革し，新業務を実現するように促していた。

　具体的には，ERPパッケージによる業務プロセス改革のプロジェクトでは，次のような取り組みが必要であるとした。

① ERPパッケージに事前に標準として装備されているベスト・プラクティスと思われる業務機能や業務プロセスを雛形にして，自社の業務をできるだけ，ERPパッケージに合わせる。すなわち，現状業務にシステムを合わ

せるのではなく，ERPに合わせて現状業務を変える取り組みを進める。
② ERPパッケージは企業における基幹業務である製造・物流・販売・調達・人事・財務会計などを統合的に管理する統合基幹業務システムであり，システムの投資効果を上げるためには，個別の業務ごとにシステムを導入するのではなく，たとえば，製造業務や販売業務と会計業務を一体で導入するなど広範囲の業務プロセスの変革を対象にするとしている。

それまでの業務プロセス改革では，対象となるユーザー部門の現状を詳細に把握して，ユーザー部門の要求仕様をベースにして業務要件やシステム要件を定義し，その要件定義に基づいて必要な業務改革やシステム開発を進めていた。しかし，このような取り組み手法では，現状のシステムやユーザー部門からの要求仕様が現状業務を反映しすぎることになる。また，そのような現状をベースにした取り組み方法では，ユーザー部門の要求仕様とERPパッケージで実現できる業務要件やシステム要件の間のギャップが大きくなってしまう。

そこで，コンサルティングの実務では，プロジェクトを推進するために，トップダウンでのプロジェクト推進を推奨し，ギャップが大きくなると思われる業務要件やシステム要件に関する判断には，トップマネジメントの関与が必要であるとした。すなわち，ERPパッケージに自社の業務を合わせるというERPパッケージによる業務プロセス改革では，ユーザー部門の変革への抵抗の対処方法として，現状の業務を変えるための強力な指導力を必要としたのである。

その結果，業務改革プロジェクトの推進方法として，ウオーターフォール・モデルではなく，ERPの活用を前提とした新たな業務プロセス改革手法を提案し，推進した。すなわち，
① 業務プロセス改革の初期段階で，あるべき姿を描いて，いくつかの選択肢の中から，新業務に適合すると思われるERPパッケージを決定する
② 次にその選択したERPパッケージを使って，新業務を実現する詳細な要件を定義する
というプロジェクト推進方法が用いられた。

これによって，システム開発における投資意思決定が，ウオーターフォー

ル・モデルのように段階的に行われるのではなく，プロジェクトの初期段階で，ERPパッケージの導入に伴うプロジェクトの全工程にわたる投資意思決定が必要になった。

また，業務プロセス改革プロジェクトで取り扱う業務の範囲は広範囲になり，それまでの，個別システム開発で行われてきたプロジェクト・マネジメントの手法では，プロジェクトを適切に管理することができなくなった。すなわち，プロジェクトが大規模化することによって，プロジェクト期間が計画より長くなったり，投資額が計画を大きく上回るなどのリスクが増大したのである。

1.3.2　ERPパッケージの活用を想定した業務プロセス改革プロジェクトの取り組み

ERPパッケージの活用を想定したシステム化を伴う業務プロセス改革プロジェクトでは，その初期段階で，自社の業務とERPパッケージの機能を比較して，最適なERPパッケージ導入の可否を評価し判断する。

そこで，多くの場合，会計業務と生産業務では異なる判断がなされた。すなわち，会計や経理業務では処理機能が定型的であり，業務機能と業務フローは企業間で違いは少ないといえる。そこで，ERPパッケージの機能とフローは，それぞれの企業における実際の会計や経理業務と比較して適合率が高く，多くの企業で導入された。

一方，生産業務は，通常は自社に特有で複雑な業務が存在し，また，その業務を遂行する組織も多岐にわたる。その結果，ERPパッケージの機能とフローは，実際の生産業務と比較して適合率が低いと判断して，ERPパッケージを採用しないという決定をした企業が多い。

実際，ERPパッケージ研究推進フォーラムとIT Leaders誌が2012年に行ったERPパッケージの導入状況調査（田口，2012）によれば，調査対象会社のうち，ERPパッケージを会計業務に適用している会社は，37.3％であるが，生産業務に適用している会社は13.5％である。

最近では，ERPパッケージに日本のビジネス慣習に合う機能が追加されるなど，ERPパッケージの機能の拡張や品質改良が進み，今までERPパッケージの

採用が進んでいなかった生産業務においても企業の採用が活発になっている。

　さらに，日本の製造業のグローバル生産拠点展開が進む中で，国内ではなく海外の事業会社においてERPパッケージを採用する事例が増えている。システム化を伴う業務改革プロジェクトにおいては，現状の業務を把握して可視化することの重要性が高まっている。すなわち，業務プロセス改革プロジェクトでは，海外事業会社の業務機能や業務プロセスを可視化するだけではなく，国内事業と海外事業間の業務機能や業務プロセスの全体を可視化して見せることが必要になった。

1.3.3　ERPパッケージの活用を想定したISPプロジェクトの取り組み

　このように業務プロセス改革プロジェクトの対象分野が生産業務にも広がり，さらに海外事業会社の業務も対象になってきた。そのような状況の中で，業務プロセス改革プロジェクトにおいて，現状の業務を把握して可視化するためには，さらに多くの時間と多くの関係者の協力が必要である。実際に実務では，現状の業務の把握と可視化に多くの時間が割かれてしまうことにより，当初計画した期間および予算で新業務システムを構築することが困難になるケースがある。

　実務で一般的に行われているシステム化を伴う業務プロセス改革プロジェクトにおける進め方を図表1-3に模式的に示す。図表1-3のISPプロジェクトの推進内容は株式会社アットストリームが実際に実務で行っているISPプロジェクトを推進するための提案書からの抜粋である。

　図表1-3に示すように，ISPの対象領域は，業務・システム診断およびシステム改革の構想設計である。そのISPの対象領域において，現状業務の可視化の作業期間を図表1-3の下段に示す。

　すなわち，ISPのプロジェクト期間において，その半分以上の時間と工数が現状業務の把握に割かれている。図表1-3におけるISPの対象領域は，業務プロセス改革プロジェクトの規模や使用するERPパッケージの選定などの方針を決める重要な取り組みである。ここでの取り組みにおいては，何よりも幅広く現状を把握し，評価する必要がある。

[図表1-3] システム化を伴う業務改革プロジェクトの概要：全体図

業務・システム診断	システム改革の構想設計	システム要件定義/詳細設計	システムの開発・テスト・移行	導入・展開
■業務水準と現状システムとの適合状況を調査する。 ■業務改革のテーマを策定する。 ■効率良いシステム構築方針を検討する。	■システム改革の狙いや効果を整理する。 ■システムを具体的に構築する導入ベンダーを選定する。 ■システム化作業全体のマスタープランを作成する。	■システム化の具体的な要件（インプットデータ機能/アウトプット帳票など）を整理する。 ■システム構築のためのスケジュール，予算，人員体制を詳細化する。	■システムを開発を行なう。 ■新システムテスト（検証）を行い，導入する。 ■新システム導入に向けたデータの整備や，ユーザーに対する教育を行なう。	■新システムの導入状況や活用状況をモニタリングし，当初目標効果の獲得のため，継続的な改善を行う。

ISPの対象領域

プロジェクト編成／作業計画

- 経営課題確認 PJ目標設定
- 経営管理要件の整理
- 業務と業務管理の実態と課題の把握
- 業務概要の把握と整理
- 国内外システム導入状況の整理
- 業務とシステムの現状と課題の整理
- 改革構想の立案
  ・新業務構想
  ・現状業務とのGAP
- システム化方針の策定
  - 目指す姿の提示
  - 実現可能性の評価
  - 投資妥当性の評価
- システム化投資概算費用の見積り
- 実行計画の策定

← 現状業務の可視化のための作業期間 →

1.3.4　業務機能と業務プロセスの可視化の課題

　組織は，通常，開発や営業，製造など機能別に設計されるが，仕事の流れは組織をまたがってプロセスとして捉えられる。そこで，業務プロセス改革には業務機能の側面からの取り組みと，業務プロセスの側面からの取り組みを統合したアプローチが必要である。

　そこで，現状分析の対象業務は広範囲にわたり，業務改革プロジェクトに関与するメンバーもさまざまな機能領域から選任されることとなった。

　しかし，業務改革プロジェクトにおいてさまざまな業務領域からメンバーが選任されたとしても，業務機能間の関係を把握することは容易ではない。何故ならば，一般に，組織横断プロジェクトとして行われる業務プロセス改革などでは，次のような問題がある。

① 業務プロセス改革チームのメンバーは，数名程度で，全員兼務者である。プロジェクト活動に多くの時間はさけない。
② メンバーは所属組織の業務については精通していても，他の組織の業務についての知識は少ない。
③ メンバーの経験の浅い領域や組織間にまたがる領域に関する業務の理解は容易ではない。
④ 適切ではない業務記述により，プロジェクト関係者間の業務に対する認識違いが発生すれば，業務プロセス改革活動とその成果の整合性が取れない事態に陥る。

従来より，業務を機能記述で体系化して整理するアプローチは，組織が機能で細分化されていることと関連して，マネジメントコンサルティングにおいて基本的な取り組み方法として活用されてきた（日本能率協会，1979）。また，企業の情報システムの企画においては，企業の業務の実態把握ならびに新業務の記述法として業務機能調査表を使った手法が適用されてきた（柴崎，2004）。

業務プロセスにおいては，フローチャートの記述など事務分析に適用されてきた手法や最近では，BPMNなどの手法が開発され，業務担当者とIT担当者のコミュニケーションツールとしてのビジネスプロセス・モデルの記述法として実務に適用されてきた。

しかし，業務を機能とプロセスの両面から可視化する効率的で効果的な実践手法が考案されていないことにより，現状，業務を可視化して見せることには多大な工数と期間が必要であった。

1.3.5 業務機能と業務プロセスの可視化のための「業務機能プール」の開発

業務レベルの課題である効率的，効果的な現状業務の可視化に関して，「業務機能プール」を考案し，業務を機能とプロセスの両面から可視化する効率的で効果的な手法を確立した。その取り組みの概要は以下のとおりである。
① まず，株式会社アットストリームで実際にコンサルティングを行っているISPの分野において，さまざまな製造業に適用してきた業務機能調査表

を基本にして，加工組立型製造業を対象にして，その業務機能を抽出し体系的に整理した業務機能調査表を作成した。
② 次に，その業務機能調査表にチェック項目を追加して，業務担当者が自己チェックで，現状業務の把握と課題の可視化を可能にした「業務機能プール」を考案した。
③ さらに，業務は組織間をまたがってその機能が遂行されるので，業務プロセスを業務フロー図で表示して可視化した。具体的には，「業務機能プール」から自動的に業務フローが作成され，さらに連動して修正できる仕組みの開発が必要であると考え，iGrafx[5]を使って，「業務機能プール」に記述した業務機能を自動的にフロー化して可視化する事を可能にした。

実際に，第3章では，2つの事例を紹介する。

1つは，地方銀行における取り組みである。地方銀行である広島銀行では，貸出先である自動車部品製造業を代表とする加工組立型製造業において，業務の可視化による現状把握と課題抽出に「業務機能プール」を活用する取り組みを行った。その結果，資金の貸し手である銀行と資金の借り手である企業の双方において，業務の可視化による現状把握と課題抽出が効率的かつ効果的に行われ，銀行による経営改善支援と企業における業務プロセス改革の推進に役立てている。

2つ目の事例は，自動車部品製造業である住野工業における業務改革プロジェクトへの適用事例である。住野工業では，システム化を伴う業務改革プロジェクトにおける業務の可視化に「業務機能プール」を活用した。このプロジェクトでは，タイに製造拠点としての新会社を設立するにあたり，新業務の企画・開発・導入プロジェクトに「業務機能プール」を適用し，従来と比較して，より具体的で効率的かつ効果的にプロジェクトを推進することができた。

---

5 iGrafxは，株式会社サン・プランニング・システムズが開発，提供している，ビジネス・プロセスを記述するパッケージソフトである。IGrafxと業務機能調査表を組み合わせた業務フローの自動生成のソフトをアットストリーム社では，「Stream+」と命名して販売している。

1.4 管理レベルの課題への取り組み

1.4.1 KPIでマネジメントする経営管理への移行

　経営管理において，その成果を測定する最もわかりやすい指標は，損益計算書や貸借対照表，キャッシュフロー計算書などの財務諸表を用いた分析であろう。公開企業においては各社の財務諸表は会計監査を経てその数字が正しいという確認のもとで開示される。四半期開示，年度決算数字は会計原則に則って定義され計算され，時系列でのデータ分析も可能であり，他社比較もできる。それら，財務諸表の作成ならびに財務諸表分析とその解釈や活用について多くの研究がなされ，実際に日常的に企業経営において活用されている（たとえば，桜井，2012）。

　また，投資家である株主と各企業のコミュニケーションの手段として，IR（Investor Relations）の側面から，財務分析開示方法の改善も継続的に行われている。さらに，最近では，ステークホルダーに対して，財務情報および非財務情報の関連性をわかりやすく，比較可能な形で取りまとめ提供する「統合報告」も注目されている。国際統合報告審議会（International Integrated Reporting Council）が，統合報告のフレームワークを構築，レポートの構成要素の1つである「業績」に関して，戦略目標に関連するKPI（定性的，定量的）や活動内容なども含まれるに至っている。

　一方，財務的成果や業績をあげるために行われた経営活動ならびに経営管理活動において，その活動ならびに活動成果を測定する指標については，各社の創意と工夫により開発され実践されているのが実態である。

　1992年には，KaplanとNorton（1992）によって，KPIを使った代表的な経営手法であるバランスト・スコアカード（BSC）が発表されている。BSCで(1)財務視点，(2)顧客視点，(3)プロセス視点，(4)学習と成長視点の4つ視点で経営活動を評価する。BSCのKPIは，先行指標と結果指標の2つに大別される。

　1993年当時に，すでに，米国企業ではKPIマネジメントが広く採用されつつ

あり，アーサーアンダーセンのパートナーであったスティーブン・M・フォロニック（1994）はKPIマネジメントについて普及活動をしていた。KPIとは，経営目標を実現するために設定した，業務プロセスをモニタリングするために設定される指標（業績評価指標：Performance Indicator）のうち，特に重要なものを指す。よく利用されるKGI（重要目標達成指標）としては「売上高」「利益率」などがあるが，これに対して「引合い件数」「顧客訪問回数」「歩留率」「クレーム件数」などがKPIとなり，これを一定期間ごとに計測し，業務プロセスの状態を管理する。

　しかし，1995年度当時，日本は，まだQC活動などの継続的改善活動が活発に行われており，KPIマネジメントに理解を示す企業は少なかった。その後，バブルが崩壊し，日本企業は窮地に陥る。日産自動車株式会社も赤字に陥り，1999年，ルノーからカルロス・ゴーンを社長に迎えた。その後，ゴーン社長が記者会見や経営計画の発表で「コミットメント」という言葉を多用し，それが「KPIを明確にし，その指標の達成をコミットする（約束する）」という経営管理手法であることが広く理解されるようになった。このKPIマネジメントが，日産自動車で大きな成果をあげるにつれ，日本企業各社，また，コンサルティング業界でも注目されることとなった。カルロス・ゴーン（2001）はその経営手法について発表している。

　しかし，KPIマネジメントの導入は企業にとって簡単なものではなく，とくに「どのようなKPIが自社の管理目的に照らしてふさわしいか」「どのようにしてKPIを設定するか」などKPIの設定には高度なノウハウが必要であるという課題は，現在も残ったままである（David Parmenter, 2010）。その理由の1つとして，その時々のビジネス環境によって事業成功の要因が変わることがあげられる（D.K.クリフォード，R.E.キャバナー，1985）。

1.4.2　業務プロセス改革に最適なKPIの設定のための「KPIプール」の開発

　第4章では，KPIをどのように設定するのかについて，まず，KPIの設定に関する従来法について実務への有効性の視点から整理する。さらに，コンサル

ティングの実務を通して考案した新手法を紹介する。その新手法とは，多くの業務プロセス改革事例からKPIを収集整理し，最適なKPIの設定を支援するツール「KPIプール」を活用するものである。「KPIプール」の活用によって，それぞれのプロジェクトにおいて最適なKPIを設定することができる。最適なKPIが設定されれば，組織は設定された指標の意図する方向に動き，財務成果につながるものと考えられる。

実際に，**第5章**では，3つの事例を紹介する。

1つは，岩手県北上市に本社ならびに製造拠点を置き，医療分析機器，情報端末，通信端末などを開発・生産・販売する受注型OEMメーカーである谷村電気精機株式会社において，業務改革に「KPIプール」を活用して，工場稼働率を向上させた事例である。

2つ目の事例は，広島に本社があるマツダ株式会社の事例である。同社は国内外で自動車の開発・生産・販売・メンテナンスを行っている日本を代表する企業の1つである。グローバルでの業績管理とKPIマネジメント改革に「KPIプール」を活用してプロジェクトを推進した事例であり，同社が株式会社アットストリームのセミナーにおいて講演した内容をしめすとともに，そのプロジェクトの概要と管理会計の側面については，森本と小池（2007）がその著書で紹介している。

3つ目の事例は，日立ディスプレイズ株式会社（現：株式会社ジャパンディスプレイ）におけるSCMプロジェクトに「KPIプール」を活用した事例である。同社は日立製作所の液晶事業を担い，その開発・製造・販売会社として特に当時成長事業である小型液晶からテレビ用の大型液晶まで幅広く手掛けるグローバルプレーヤーである。中小型液晶ビジネスの中心的な製品である携帯電話向けの液晶ユニットの開発・生産・物流における戦略マップを作成し，「KPIプール」を活用して，有効なKPIを設定して経営管理に役立てた事例である。

1.5 戦略レベルの課題への取り組み

1.5.1 戦略・戦術とひもづいた業務プロセス改革の推進への期待

　経営戦略には，経営戦略の立案と経営戦略の実行の2つの側面があると考えられる。企業の発展のために，経営戦略の立案の重要性は多くの経営書で述べられているが，同じく重要なことは，その経営戦略を具体化した戦術を重点実施項目として実行計画にブレークダウンし，確実に実行することである。経営戦略における実行の重要性については，たとえば，ラリー・ボジディとラム・チャラン（2003）によって紹介されている。当該組織が確実に戦術を実行するためには，実行を促すKPIが必要であり，実行の結果の評価においても適切なKPIが必要である。

　財務成果を示す損益計算書や貸借対照表，キャッシュフロー計算書の中の数字の多くがKPIであり，経営結果の重要な指標を提示していると考えられる。しかし，それは過去の数字である。今後の経営成果への期待は一般的には経営計画書で明らかになり，その計画や業績見通しは公開企業においては投資家である株主と各企業のコミュニケーションの手段としてIR（Investor Relations）の側面から，四半期開示および年度決算の説明会において開示される。

　IR活動において，戦略の実現のための重要な活動である業務プロセス改革の詳細が社外に開示されることはないが，実際には多くの業務プロセス改革活動が行われている。業務プロセス改革活動ならびに活動成果を測定する経営管理指標としてのKPIについては各社の創意と工夫により開発され実践されているのが実態である。

　KPIとその目標を設定したときに，そのKPI目標を達成するための改善対象としての業務は何かを明確にすること，そのKPIを確実に数値として把握すること，さらに，現在の業務機能と業務プロセスは適切に行われているかをチェックし，もしそうでなければ，その対象業務自体を改善対象業務として抽出することが重要である。そこで，次の3つの課題に取り組み，業務プロセス

改革のための新しい方法を考案した。

課題1　業務プロセス改革プロジェクトで抽出されたKPIは，業務で安定してそのKPIデータを生成することができるか

　第4章で詳述するように，多くの業務プロセス改革事例から1,697のKPIを収集整理し，必要なKPIの設定を支援するツール「KPIプール」を開発し，その「KPIプール」を活用することで，経営管理の改善に役立つ最適なKPIを抽出できることがわかった。しかし，業務改革プロジェクトで最適なKPIを抽出しても，そのKPIを生成するデータを提供する業務機能が特定できていない場合は，そのKPIを抽出できるか否かはわからないということになる。また，対象業務機能が特定できていても，その業務の成熟度が低い場合には，その業務から生成されたKPIデータの信頼性が低いということになる。いずれの場合も，対象業務は業務プロセス改革の改善対象業務とする必要がある。KPIはデータを収集し整理し意味のある指標として設定されたものであり，その元データは業務遂行の結果として抽出されるからである。

課題2　業務プロセス改革プロジェクトにおいて設定した改革対象業務は，改革の実行において優先度が高いと判断できるか

　第2章で詳述するように，「業務機能プール」を活用して，当該業務の有無や時間軸に関する問題，管理項目に関する問題，業務成熟度に関する問題および情報システムの使用状況を調査して，現状業務を可視化する手法を考案した。さらに，実務への適用により業務の可視化に役立つことがわかった。

　しかし，たとえば，調査の結果，原価管理業務機能に対するシステムの使用状況の評価が低いという評価結果であった場合，原価管理業務を業務プロセス改革の対象にするか否かの判断が必要である。なぜならば，原価管理業務の改善よりも，より緊急性や重要性が高い業務プロセス改革の対象機能がある場合には，原価管理業務の改革の優先度は下がることになる。

　いずれの企業においても経営資源は限られており，業務プロセス改革のための投資も優先度を考慮して検討されなければならない。また，原価管理業

務が改善対象業務であるならば，その理由を明確にする必要があると考えられる。すなわち，可視化によって明確になった業務を，改善すべき対象業務とすべきか否か，何らかの判断材料を示す必要がある。

課題3　業務改革プロジェクトにおいて，最適なKPIとそのKPIに対する対象業務機能を同時に検討することができるか

　課題1と課題2はお互いに関連して検討される。なぜならば，最適なKPIを設定すれば，そのデータが安定して抽出できるかを業務機能の側面から確認する必要があり，業務プロセス改革の対象業務が決まれば，その成果を測定するKPIを設定することになるからである。

　そこで，業務プロセス改革プロジェクトにおいて，最適なKPIとそのKPIに対する対象業務機能を同時並行で検討することができれば，業務プロセス改革プロジェクトの取り組みは効率的に行われると考えられる。

1.5.2　戦略・戦術にひもづいた業務プロセス改革対象業務の抽出のための「戦略展開フロー」の開発

　上記の3つの課題を検討し，戦略，戦術とKPIならびに改革対象の業務機能を関連づける方法を検討した。すなわち，

　課題1に対しては，戦術からKPI候補を抽出する「KPIプール」を活用した。

　課題2に対しては，「業務機能プール」の各業務を戦術と関連づけるために，文字検索の機能を活用した。

　課題3に対しては，
① 　戦略から戦術を抽出する
② 　戦術からExcelの検索機能を使ってKPI候補と業務機能候補を同時に抽出する
③ 　最終的に「戦術・KPI・業務機能」をセットとして整理する手法，すなわち，「戦略展開フロー」

を考案した。

　実際に，第7章では，2つの事例を紹介する。

1つは,「戦略展開フロー」を実際にコンサルタントや企業における業務改革推進メンバーなどを対象とした業務プロセス改革研修(広島銀行,アミックの2社合計で69名が受講)に適用し,受講後の研修受講者の意識をアンケート調査で確認することで,この「戦略展開フロー」の有効性を検証した。

　2つ目は,岡山市に本社を置き,芝刈り機や刈払機などの農作業機器を開発・製造・販売・アフターサービスをする中堅の製造業であるカーツ株式会社の事例である。同社が「戦略展開フロー」を活用して経営の方向性を示す戦略を実現するための具体的な戦術を明らかにし,その戦術に関連する最適なKPIならびに業務プロセス改革対象業務の設定を効率的かつ効果的に行った事例である。

第2章
業務プロセス改革における「業務機能プール」の活用

2.1 本章の概要

本章では，効率的，効果的に現状業務を可視化する「業務機能プール」の開発について述べる。

取り組みとしては，まず，可視化する業務機能の対象を絞った。すなわち，企業におけるさまざまな業務の中から多くの企業で共通して適用できると思われる機能を抽出整理し，体系的に記述することを試みる。すなわち，業務プロセス改革プロジェクトのメンバーが，体系的に記述した業務機能調査表を用いて，業務プロセス改革の対象部門の担当者にインタビューをし，実際の業務と比較することによって，現状業務を効率的かつ効果的に可視化して見せる取り組みである[1]。

その業務機能調査表を実際に業務プロセス改革プロジェクトで使ってみると，いくつかの課題があることがわかった。すなわち，業務プロセス改革プロジェクトのメンバーが，実際に業務プロセス改革の対象部門の担当者とスケジュールを調整し，インタビューを行って業務の実態を把握する方法では，業務プロセス改革プロジェクトのメンバーと業務プロセス改革の対象部門の担当者の双

---

[1] このように，業務を機能記述で体系化して整理するアプローチは，組織が機能で細分化されていることと関連して，マネジメントコンサルティングにおいて基本的な取り組み方法として活用されてきた（日本能率協会, 1979）。また，企業の情報システムの企画においては，企業の業務の実態把握ならびに新業務の記述法として業務機能調査表を使った手法が適用されてきた（柴崎, 2004）。

方に多くの時間がかかる。そこで，業務プロセス改革の対象部門の担当者が自己チェックによって，業務実態を把握して報告する新たなツールが必要であった。

そこで，業務機能を抽出し整理するあたり，実務を通して得られた多くの業務プロセス改革事例から業務機能を収集整理し，業務の可視化においては成熟度モデルにCOBIT[2]で用いられている5段階の評価方法など既存の知見を活かしながら，業務の現状を可視化する手法を考案した。さらに，業務は組織間をまたがって，その機能が遂行されるので，業務プロセスを業務フローとして可視化するという課題に取り組んだ。

具体的には「業務機能プール」の結果を業務フローで表現し，業務を機能とプロセスの両面から可視化し，業務機能と業務フローを双方向で変更可能な手法である「業務機能プール」を考案した。これによって，業務を業務機能と業務プロセスの両面から把握するとともに，業務改革活動において，業務機能と業務プロセスの両面から現状業務の分析と新業務の設計が可能になり，実際に実務に適用し，その有効性を検証した。

2.2 業務機能の抽出に関する従来法の課題

前述のように，業務プロセス改革プロジェクトでは，現状業務の抽出と可視化のための手法が必要とされてきた。そして，現状業務の抽出と可視化は業務プロセス改革のために必要な最初の作業である。その最初の作業で，事実と異なる業務機能の記述が行われたり，可視化が十分でなければ，業務プロセス改革は効果的には行われないことになる。

2　COBIT（英）は control objectives for information and related technologyの略で，情報システムコントロール協会（ISACA）とITガバナンス協会（ITGI）が1992年に作成を開始した情報技術（IT）管理についてのフレームワークを示している。

2.2.1 現状業務の抽出と可視化のための従来法とその取り組みの課題

業務プロセス改革プロジェクトでは，現状業務の抽出と可視化が必要であるが，従来法による現状業務の抽出と可視化のための手法にはいくつかの課題がある。従来法として，実務で行われてきた方法を整理すると以下のとおりである。

① まず，コンサルタントを含むプロジェクトメンバーが，業務プロセス改革対象部門の担当者に対してインタビューを行う。
② インタビュー時には，通常，業務プロセス改革対象部門の担当者は事前に業務分掌や業務マニュアルなど既存の資料を準備して，その資料に基づいて現状業務をプロジェクトメンバーに説明する。
③ プロジェクトメンバーは，その内容に関して，質問を繰り返し，必要に応じて追加の資料を請求し，現状業務を理解する作業を繰り返す。

このように，現状業務の抽出と可視化の作業には多くの時間がかかる。多くの情報を入手し，現状を詳しく理解し記述しようとすればするほど，プロジェクトメンバーおよび業務プロセス改革対象部門の担当者の双方で多くの時間が必要になる。

また，プロジェクトメンバーおよび業務プロセス改革対象部門の担当者の双方で，都合の良いインタビューの日程と時間の調整が必要になる。さらに，調整時間だけでなく，異なる業務プロセス改革対象部門の担当者に対するインタビューの間で空き時間が発生する。

④ 次に，プロジェクトメンバーは，インタビューと入手した資料から得られた現状業務に関する情報を，プロジェクトの目的に応じて整理して記述する。

具体的には，現状業務機能，業務機能間の前後関係を示す業務フローだけで

なく，インタビューの中で得られた課題を整理する。

　この作業では，質問者であるプロジェクトメンバーと被質問者である業務プロセス改革対象部門の担当者の能力により，現状業務に対する理解の広さと深さが異なり，結果として，現状業務の記述と課題の抽出に個人差が出る。具体的には，プロジェクトメンバーおよび業務プロセス改革対象部門の担当者の双方の業務知識や業務理解と，問題意識や取り組み姿勢などの違いによって，現状業務の可視化のおよび課題抽出に対して，その質と量が一定ではないということになる。

　また，入手した情報を整理して，新たに現状業務の機能やフローを記述したり，それに関連する課題を抽出し整理すること自体に多くの時間がかかる。

　⑤　上記の作業の結果，整理された現状業務機能と現状業務フロー，抽出し整理した課題をもとにして，再度，業務プロセス改革対象部門の担当者にインタビューを行い，整理した内容に間違いがないかを確認する作業を行う。

　この作業は，インタビューしたプロジェクトメンバーが整理し記述した内容が，現状業務とその課題を正確に記述できているかを確認する作業である。この作業を経て，現状業務とその課題を正しく反映し，現状業務を可視化して見せる資料が完成する。

　以上の作業を繰り返すことによって，プロジェクトメンバーは現状業務の抽出と可視化を行い，業務プロセス改革対象部門の担当者との間で現状業務に対する共通の理解ができあがる。

　⑥　次に，現状業務に対する共通の理解をもとにして，プロジェクトメンバーは業務プロセス改革プロジェクトが取り組むべき課題や解決の方向性などの解決策を整理する。

　この一連の作業は，質問者であるプロジェクトメンバーが業務を理解するた

めに必要な時間であるが，被質問者である業務プロセス改革対象部門の担当者にとっては，本来の業務プロセス改革の討議に入るまでの現状業務の把握に時間がかかりすぎるという不満が出やすい。

このように，従来法では，本来の業務プロセス改革の討議に入るまでの現状業務の把握に時間がかかりすぎるという課題があり，時間的な制約から次のステップである解決策の提示や設計に十分な時間をさけないという不合理な事態が発生する。

2.2.2 業務を自己チェックで可視化する「業務機能プール」の考案

そこで，本来の業務プロセス改革の討議に入るまでの現状業務の把握に時間がかかりすぎるという従来法の課題を解決する手法を考案し，実務で適用することを試みた。

まず，業種に共通して存在すると思われる業務機能を整理し，これを雛形として対象企業の現状業務機能を比較することによって，対象企業の現状業務を抽出し，整理する。すなわち，取り組む業種と対象業務機能を決め，雛形としての業務機能を整理する。そこで，まず，自動車部品製造業に代表される加工組立型製造業を対象にして，雛形となる業務機能調査表を考案した。

次に，質問者であるプロジェクトメンバーと被質問者である業務プロセス改革対象部門の担当者の双方の作業時間を省くために，被質問者である業務プロセス改革対象部門の担当者が自ら現状業務を確認し整理する手法として，自己チェックのできる業務機能調査表を考案した。

この業務機能調査表に課題抽出のための質問項目を付加して，それに対して被質問者である業務プロセス改革対象部門の担当者が質問事項に回答することによって，現状業務の課題を抽出し，可視化する方法を考案した。

さらに，業務は組織間をまたがってその機能が遂行されるので，業務プロセスを業務フローとして可視化するという課題に取り組んだ。具体的には「業務機能プール」の結果を業務フロー図で表現し，業務を機能とプロセスの両面から可視化し，業務機能と業務フローを双方向で変更可能な手法を考案した。これによって，業務を業務機能と業務プロセスの両面から把握するとともに，業

務プロセス改革において，業務機能と業務プロセスの両面から現状業務の分析と新業務の設計が可能になった。

次に，この「業務機能プール」の詳細について述べる。

2.3 「業務機能プール」の詳細

「業務機能プール」は，実務の中から得られたいくつかの「業務機能調査表」[3]を以下の方針で検討し，現状の業務を効率的かつ効果的に把握し可視化する手法として完成させたものである。

① まず，対象となる業務機能を，業務プロセス改革の対象となると思われる定型的な業務機能に限定した。さらに，実務で実績のある自動車部品製造業の業務機能をもとに，加工組立型製造業を対象にして，雛形となる業務機能を整理した。

② 次に，業務機能の記述方法を統一した。具体的には，すべての業務機能の記述において，業務が発生する順番で記述することと，業務機能の上位機能と下位機能のそれぞれを3つの階層に分けて記述した。

③ さらに，記述した業務機能を情報システムで支援する場合のシステム機能要件を記述した。

実際の業務では，業務機能の多くは情報システムとの連携で遂行されている。そこで，業務機能に対して，対応するシステム要件を記述し，さらにそのシステム要件をERPパッケージで実現できるか否かについて，数社のERPパッケージで確認した。すなわち，対象業務機能を限定して，加工組立型製造業を対象にして，雛形となる業務機能を整理して記述し，さらにその業務機能にシステム機能要件を追記した。

システム機能要件については，数社のERPパッケージベンダーによる実現性

---

3 「業務機能調査表」は業務を機能の側面から整理して記述したもので，実務ではExcelで作成される。株式会社アットストリームでは2001年の創業当時から活用してきた方法である。

の確認を行い,「業務機能プール」が実務として実際に有効に活用できる水準にあることを確認した。これにより,加工組立型製造業に適用できる,現状業務の可視化手法である「業務機能プール」が完成した。

2.3.1 「業務機能プール」の対象領域

会計分野で,多くの企業がERPパッケージを導入している理由の1つとして,会計業務はどの企業でもその業務プロセスはよく似ていることが挙げられる。つまり,業務要件としては,会計原則に基づく業務処理が基本になっており,組織の中で共通の拠りどころとなる業務プロセスがある。これに対して,生産については,各社で生産する品目が異なり,生産設備も作り方も異なる。生産するにあたって,自社で生産するか外注先を活用するかなど内外作区分の有り様によって,業務プロセスも異なる。このような見方によれば,それぞれの会社で,自社の生産業務は特殊であると考えることもできる。

一方,「生産」＝「生産管理」＋「製造」と考えると,「生産管理」は製造品目や工程が異なっても,その業務機能や業務プロセスは記述レベルで大きな違いはないと考えられる。各社の違いは製品,設備や工程の違いが存在する「製造」であると考えられる。

たとえば,加工組立型の製造業であれば,いずれの会社でも,在庫管理の業務機能は,倉入れと庫出しの数量と金額を管理し,月次で棚卸を行い在庫修正することである。

このように,業務プロセス改革の対象領域を,製品や製造方法などの異なる「製造」領域を対象にせず,「生産管理」領域に絞ることによって,業務プロセス改革に役立つ,雛形となる「業務機能プール」の作成が可能と判断した。

「業務機能プール」では,実際には生産管理業務ではあるが,その機能が直接的には,業務プロセス改革の対象にならないと思われる業務を対象外とした。すなわち,総務,人事,IT/インフラ,生産技術,品質管理など,生産管理業務の支援機能と考えられる業務領域は対象外にした。また,製造作業管理,工場レイアウト,設備管理,保全,環境管理などの業務機能領域については,製造の良し悪しを左右すると考えられる機能であるが,生産管理業務には直接関

連しないため対象外にした。

　対象業務機能として記述している業務機能ではあるが，その機能が直接的には，業務プロセス改革の対象にならないと思われる業務を対象外とした。たとえば購買管理では，サプライヤ管理（新規発掘，条件交渉，教育等）に関する業務機能，品質管理の業務については小集団による品質改善活動などは，業務プロセス改革の対象業務機能には直接関連しないため対象外にした。

　このように対象業務機能を絞り，加工組立型製造業の生産管理領域において，業務プロセス改革に役立つ「業務機能プール」を考案した。図表2-1に「業務機能プール」で対象にした業務機能を示す。

[図表2-1]「業務機能プール」の対象業務機能：加工組立型製造業の例

生産業務機能		
支援業務機能 （対象外）	生産管理業務機能（対象領域）	製造業務機能 （対象外）
総務 人事 財務 情報システム 　など	販売管理 調達管理 製造 在庫管理 物流管理 原価計算 財務会計 管理会計 開発・設計 サービス	設備保全 生産技術 改善活動 　など

「業務機能プール」で対象とした業務機能は，次のとおりである。

① 「販売管理」では，販売計画，販売契約管理，受注管理，製品出荷管理，売上処理，返品管理，顧客支給品管理，情報管理を対象にし，営業の業務機能領域である営業員管理などは対象にしていない。

② 「調達管理」では，調達計画，発注管理，部材出荷管理，部材入荷管理，検収管理，購買／外注管理，部材支給管理，情報実績管理を対象にし，外注先との値引き交渉など人的な貢献の大きい領域は対象にしていない。

③ 「製造」では，製造計画，製造指示，生産実績登録，品質管理，情報管理を対象にし，小集団による改善活動など，直接製造業務に関係しない領

域は対象にしていない。
④ 「在庫管理」では，入出庫管理，経費庫出／買入，在庫移動，在庫振替，品番管理，棚卸，情報管理を対象にし，整理整頓などの改善活動は対象にしていない。
⑤ 「物流管理」では，物流計画，輸出，輸入，情報・実績管理を対象にし，積載の管理やルーティングなどは業務プロセス改革の対象としては関連性が低いと考え，対象にしていない。
⑥ 「原価計算」では，標準／予定原価設定，実際原価，原価分析を対象とし，原価低減活動などの改善活動は対象にしていない。
⑦ 「財務会計」では，固定資産管理，債権管理，債務管理，現預金管理，一般会計，連結決算を対象にし，財務戦略などは，業務プロセス改革の対象としては関連性が低いと考え，対象にしていない。「財務会計」を生産管理業務の可視化の対象にしたのは，業務プロセス改革プロジェクトにおいて，そのプロジェクトの目的や成果の獲得が「財務会計」と関連性が高いことと，「原価計算」や「管理会計」業務の業務プロセス改革には，「財務会計」の情報が必要であるためである。
⑧ 「管理会計」では，予算策定，予実管理，PJ（プロジェクト）別費用管理，経営情報分析／報告を対象にし，業績改善活動などは対象にしていない。
⑨ 「開発・設計」では，製品開発，設計見積，受注設計，出図管理，設計工数管理を対象にし，設計の自動化などの業務改善は対象にしていない。
⑩ 「サービス」では，その領域を生産管理機能に絞り，クレーム対応のみを対象にした。

2.3.2 業務機能の記述法

業務機能の記述にあたり，具体的には，すべての業務機能の記述において，
・業務が発生する順番で記述することと，
・業務機能の上位になる機能と下位になる機能のそれぞれを階層構造で記述することとした。

業務機能の記述の方法を統一するにあたっては,「業務」について,以下のとおり定義した。すなわち,業務は,業務機能と業務フローと業務間で交換する情報のセットであると考えられるので,「業務」=「業務機能」×「業務フロー」×「インターフェース情報」と定義して,記述を進めた。

　たとえば,「入出庫管理」業務を模式的に示すと図表2-2のように表すことができる。図表2-2で,「入出庫管理」業務は,「部材庫出し」,「製品倉入れ」,「部材倉出戻入」,「倉庫要求(手入力)」という業務機能で構成されており,その関係は上位の機能に対して,下位の機能が入れ子構造になっている。

　そして,その入れ子構造の中にある4つの業務は記述した業務機能の順に業務が行われる。すなわち,それぞれの業務は前後関係を持つ業務フローで表される。

　同様に,「入出庫管理」業務の下位の業務である「部材庫出し」業務は,「出庫指示作成」,「出講指示書回付」,「出庫作業」,「出庫登録」の4つの業務機能で構成され,その関係は上位の機能に対して,下位の機能が入れ子構造になっている。そして,その入れ子構造の中にある4つの業務は,記述した業務機能の順に業務が行われる。すなわち,それぞれの業務は前後関係を持つ業務フローで表される。

　この入れ子構造は,図表2-2の右に表形式で示すように,階層構造で上位と下位の関係を記述することができ,その業務は業務フロー図では,上から下に受け渡される。

　「インターフェース情報」に関しては,たとえば,「出庫指示作成」の結果,出庫指示という「インターフェース情報」が作成され,その情報にと基づいて,次の作業である「出庫指示書回付」の業務機能が行われる。

　すなわち,業務機能を記述するにあたっては,業務が発生する順番で業務機能を記述することによって,業務機能で記述した順に前後関係を表示するだけで,業務をフロー図で記述できる。同じく,業務機能の上位になる機能と下位になる機能を階層構造で記述することによって,入れ子構造になっている業務を業務フロー図で記述することができる。

　「業務」=「業務機能」×「業務フロー」×「インターフェース情報」とし

[図表2-2]「入出庫管理」業務の例

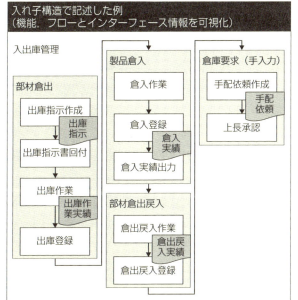

て，まず，業務を機能で記述し，その記述の順番を作業の順で並べることによって，業務を業務フローで可視化した「業務機能プール」を考案した。「インターフェース情報」については，「業務機能プール」では記載せず，別途，いくつかの視点で課題を抽出する方法を考案して，可視化した。詳細は2.4で述べる。

2.3.3 「業務機能プール」のレイアウト

図表2-3に加工組立型製造業の雛形として考案した「業務機能プール」のレイアウトを示す。

図表2-3①の項目番号は，レベル3においてユニークに区別するためにレベルごとにそれぞれの業務機能に番号を付したものである。図表2-3の例では，それぞれレベル1，2,3の項目に順に番号を付し，最初の項目の項目番号は111であり，次の業務機能の項目番号は112である。

[図表2-3]「業務機能プール」のレイアウト

①	②			③	④
項目番号	業務機能レベル			業務機能説明（雛形）	システム要件
	レベル1	レベル2	レベル3		
1　1　1	入出庫管理	部材倉出	出庫指示作成	製造指図データに基づき，倉庫から工程への出庫指示データを作成し，製造指図書毎の出庫指示書を出力する。	・製造指図毎に，生産に必要な材料の倉庫から工程への出庫指示書を出力できること。 ・出庫指示書は，在庫管理単位での指示ができること。 ・出庫するロットは先入先出しで，自動的に選定できること。
1　1　2			出庫指示書回付	出庫指示書に製造管理票を添付して回付する。	(システム対象範囲外)

　図表2-3②の業務機能レベルは，業務をレベル1，レベル2，レベル3の3階層で記述した。レベル3は，実際に行われている作業をイメージできる程度に，具体的な作業レベルで記述した。

　図表2-3③の業務機能説明は，レベル3に対して，その業務の内容が理解できると思われる詳細さで業務内容を記述している。実際にそれぞれの企業では同じ機能の業務であっても企業それぞれに異なる言葉を使っていることが多い。そこでこのカラムを設けることによって，個別の企業の担当者が自社の言葉での業務機能に対応させることができる。

　図表2-3④のシステム要件は，業務機能のレベル3に対して，情報システムでその業務機能を実現するにあたって，該当する雛形となるシステム要件を記述したものである。雛形としてのシステム要件は，実際の製造業において，実現可能でかつ先進的と思われる要件，または今後のあるべき姿を想定したシステム要件を記述した。すなわち，その業務機能を情報システムで実現しようとした場合に，実務で実現可能なシステム要件を記述した。

　レベル1，レベル2，レベル3の3階層のすべてにおいて，業務機能の記述は，業務機能の上位になる機能と下位になる機能のそれぞれをレベル分けして，業務が発生する順番で記述した。

これによって，業務をフローで理解しようとした時に，レベル1，レベル2，レベル3の3階層のすべてにおいて，それぞれの階層で業務機能の記述の順番でフロー図を書き出すことができる。この結果，プロジェクトメンバーと業務プロセス改革対象部門の担当者が「業務機能プール」を使って現状業務を可視化する時に，現実に行われている作業の順番で記述されているので，双方にとって理解しやすくなっている。

　考案した「業務機能プール」の各レベルの業務機能数を図表2-4に示す。

[図表2-4] 各レベルの業務機能数

レベル0	業務機能の対象	業務機能の数		
		レベル1	レベル2	レベル3
販売管理	販売計画，引合～見積～与信～受注，売上・請求	8	17	47
調達管理	購買計画，見積，発注	8	19	42
製造	生産計画，進捗管理，製造，外注管理	5	13	46
在庫管理	在庫管理	7	12	36
物流管理	出荷，輸出入	4	15	22
原価計算	原価計算，原価情報分析	3	13	37
財務会計	固定資産管理，債権・債務管理，一般会計，連結決算	6	32	100
管理会計	予算策定，予実管理，経営情報分析	4	11	65
開発・設計	製品開発，設計見積，受注設計	5	24	51
サービス	クレーム対応	1	8	27
合計		51	164	473

　図表2-4に示すとおり，生産管理業務に関連する機能として，最も大きいくくりであるレベル0では，販売管理からサービスまでの10の機能を対象にした。この10の機能は，実務で，業務プロセス改革プロジェクトの対象となる領域である。レベル1は全体で51の機能を記述し，レベル2では，164の機能を記述した。具体的な作業の記述であるレベル3は全体で473である。

　すなわち，「業務機能プール」を使って，対象となる全ての業務機能について現状業務を可視化しようとする場合，レベル3の合計473について，現状業務を「業務機能プール」と対比して確認することになる。

実務では，たとえば，調達と製造と在庫管理の3つの業務機能についてのみ現状業務機能を確認しようとする場合は，それぞれの合計である124（42＋46＋36）について現状業務と対比して確認することになる。

2.3.4 「業務機能プール」によるERPパッケージとの適合性の確認

業務プロセス改革には情報システムの活用が大きな比重を占めるようになっており，新しい業務の仕組みの構築にはERPパッケージが欠かせない。そこで，考案した「業務機能プール」をいくつかのERPパッケージベンダーの協力のもとに，それぞれのERPパッケージ（製品）において「業務機能プール」で示したシステム機能を実現できるか，どのように実現するか評価した。

図表2-5は，ERPパッケージベンダーの1社である株式会社アミック[4]の例である。「業務機能プール」に記述したシステム機能の実現性を自社開発したERPパッケージシステムを対象にして，株式会社アミック社が評価したものである。

図表2-5①のFIT＆GAP[5]は「業務機能プール」の対象業務に対して，適合率を○，△，×と定義して記述した。

すなわち，○は無改造で対応可能な業務，△は主に帳票の追加作成など小さな改修で対応可能な業務，×はプログラムの追加開発等，大きな改修を行うことで対応可能な業務である。したがって，評価が，○および△であれば，大きな追加投資なしで業務に使うことができると考えられ，適合性評価において○と△は適合していると考えられる。

図表2-5②具体的実現方法は，FIT＆GAPについて，適合すると評価した場合でも，その実現方法について記述したものである。ただし，その評価は，

---

[4] 株式会社アミックは，浜松市に本社を置き，国内外に開発拠点や導入拠点を有するシステムインテグレーターである。自社製品のハイブリット型統合生産管理システム「AMMICシリーズ」を発表し，製造業のオープンシステムでの，提案〜開発〜導入を行っている。

[5] FIT＆GAPとは，ERPパッケージ適合性分析・評価をさす。ERPパッケージにどのような機能が含まれるかについては，各社で定義が異なる。そこで，企業は特定のERPパッケージを採用し導入するにあたり，まず，自社が業務プロセス改革の対象としている重要な機能について，対象とするERPパッケージの機能が自社のニーズに合致したソリューションか否かの適合性を分析し，評価する必要がある。適合性の低いERPパッケージを採用するリスクを低減する手法である。

第2章 業務プロセス改革における「業務機能プール」の活用 41

[図表2-5] システム機能と実現性の評価

(株)アミック社による自社開発ERPパッケージ『AMMICシリーズ』の評価

項目番号			業務機能レベル			業務機能説明（雛形）	システム要件	AMMIC ① FIT&GAP	AMMIC ② 具体的実現方法
			レベル1	レベル2	レベル3				
1	3	1	製造計画（月度）	月度製造計画	月度製造計画作成	四半期/半期製造計画をもとに月度製造計画を作成する。	・基準生産計画が登録できること。 ・出荷計画の変更に伴う生産計画や調達計画の変更を変更前／後と比較して参照できること。	○	計画の見直しがある場合、基準生産計画面で修正をします。所要量展開時の対象期間を月度にすることで、製造計画オーダーを生成します。
1	3	2			投入数量確認	投入が必要な原材料を確認する。	・MRPの結果から原材料所要量が算出できること。 ・複数工場をまたぐMRPの実行が可能であること	○	所要量照会により投入量の把握が可能です。月度合計が必要な場合は、ワークリスト機能を利用して期間、品目別の合計確認が可能です。
1	3	3			製造計画（負荷）山積み	内外作の振分処理の結果、「内作」に振り分けられたものを計上する。	・負荷の山積みが行えること。	○	負荷山積みは、工程別に積み上げられます。製造パターンによって内外作を振り分けた結果に基づいて、内作工程の負荷を照会可能です。
1	3	4			製造計画（負荷）調整	日々の生産量や負荷を確認し、生産ラインや生産日を調整して、製造計画を実行化する。	・負荷の山崩しが行えること。（実生産スケジュールを作成できること） ・時間単位、シフト単位の計画が可能であること	○	計画立案画面上で、負荷をみながら計画登録、修正が可能です。
1	3	5			製造指図作成	立案した製造計画を現場掲示用に加工し、製造指図を作成する。	・山崩しされた製造計画を元に、必要な製造情報（投入品、数量、製造条件等）を付加し、製造指図を作成できること。	○	指図書発行で可能です。
2	1	1	製造指図	製造指図	製造指図承認	製造指図の内容チェック及び、製造指図を承認（確定）する。	・製造指図毎に承認を登録できること。（製造指図の発行が可能となる。）	○	製造指図オーダーの発効処理を承認処理と位置づけ、機能権限を承認者限定とすることで可能です。
2	1	2			製造確定処理	製造指図承認を受けて、原材料の引当を発生させる。	・引当された原材料を利用可能在庫から引き落としできること。（引当ステータスで管理できること。）	○	・引き当て、引き落としが可能です。引き当てのステータスは、引き当て状況、子品目出庫状況をそれぞれ見られるようになっています。
2	1	3			製造指図発行	作成された製造指図を発行し、工程に配布する。	・作成した製造指図を出力できること。	○	製造指図書発行機能で行います。
2	2	1		特急投入指示	特急指示発行、確認	顧客納期から逆算、標準リードタイム通りの生産では顧客納期に間に合わないものに関しては、「優先投入アラーム」を出す。生産管理担当者は、その情報を確認、対応を行う。	・製造指図のうち、特急指示の指図確認ができること。	○	ATP機能の利用
2	2	2			特急投入計画作成	抽出された内容を確認。ロット編成など効率の良い組み合わせにし、特急投入計画を作成する。	・特急指示の製造計画を最優先とした上で、実生産スケジュールを随時再作成できること。	○	特急オーダー用のリードタイム、構成の組み合わせを製造パターンを用いて登録しておく。
2	2	3			特急計画入力	特急計画をシステムにインプットする。	・特急計画の確定計画をシステムに入力し、納期回答に反映できること。	△	計画立案から特急かどうか意識できる場合は、製造パターンを用いて登録・管理が可能です。

機能面で当該製造業の業務ができるという意味での適合性評価をしているため，たとえば詳細面での使い勝手の良さ悪さや見た目の画面の違和感，操作性などでシステムの追加開発や改修が必要である場合がある。システムの開発導入の予算に関しては，提示された見積りは，現状業務を遂行するために必要な最低限の金額と考えるのが妥当であろう。

2.3.5 業務プロセス改革における新業務設計の検討への活用

このように，「業務機能プール」にシステム要件を追加し，さらにいくつかのERPパッケージでFIT＆GAPを行ったことによって，業務プロセス改革プロジェクトでは，新業務設計において，より効果的で実現性の高い業務を検討できると考えた。すなわち，「業務機能プール」は業務を網羅的に記述しているが，企業に存在する業務が，企業にとって同じ価値を持っているわけではないし，また，ERPパッケージが企業のすべての業務に対して，業務プロセス改革に有益であるわけではない。そこで，業務プロセス改革プロジェクトでは，業務プロセス改革の対象になる業務が当該会社にとって重要であるか否かを識別する必要がある。

「業務機能プール」はそのための現状業務を可視化して示す手法であるが，新業務の設計においては，その実現性を検討する必要がある。すなわち，業務プロセス改革で定義された新業務が，ERPパッケージに搭載されている標準機能で実現できれば，情報システムの開発コストは少なくて済むことになる。逆にERPパッケージの標準機能として搭載されていない機能を必要なシステム要件であると判断した場合には，ERPパッケージとは別のシステムで追加の機能を実装しなければならなくなり，開発コストが増すリスクが発生する。

このように，ERPパッケージとの適合性の確認によって，業務プロセス改革プロジェクトでは，新業務設計において，より効率的かつ効果的に，実現性の高い新業務を検討できる。

次に，この「業務機能プール」に自己チェックのカラムを追加して，業務課題を可視化する手法について述べる。

2.4 自己チェックによる業務の可視化

すでに述べたように,本来の業務プロセス改革の討議に入るまでの現状業務の把握に時間がかかりすぎるという従来法の課題を解決する手法として,自動車部品製造業に代表される加工組立型製造業で雛形となる「業務機能プール」を考案した。これによって,「業務機能プール」を雛形として対象企業の現状業務機能を比較することによって,対象企業の現状業務機能を抽出し,整理することができた。さらに,新業務設計において,ERPパッケージとの適合性の確認によって,より効率的かつ効果的に,実現性の高い業務を検討することが可能になった。

次に,従来法の課題の1つである,質問者であるプロジェクトメンバーと被質問者である業務プロセス改革対象部門の担当者の双方の作業時間を省くための取り組みが必要である。そこで,被質問者である業務プロセス改革対象部門の担当者が自ら現状の業務機能を記述し整理する手法,すなわち,自己チェックができる「業務機能プール」を考案した。

さらに,この「業務機能プール」に課題抽出のための質問項目を追加して,業務の現状を数値化して,業務課題を可視化する方法を考案した。

2.4.1 自己チェックによる「業務機能プール」の要件

「業務機能プール」を使って,業務プロセス改革対象部門の担当者が自ら現状の業務と業務課題を記述し整理できる手法として,実現したい要件を整理し,その方法を考案した。以下はその要件である。

① 「業務機能プール」はレベル3の機能数で473あり,業務プロセス改革対象部門の担当者が自ら現状の業務機能を記述し整理するためには,項目当たりの確認とチェックの時間を最小限にする工夫が必要である。そこで,レベル3の各項目に回答するにあたっては,Excelのプルダウン機能を使って,記入者は回答を選択する方式にし,チェック時間を短縮する。

② 現状の業務を数値化して,可視化する。そのためには評価項目を設定し

て，その評価項目ごとに，数値化した評価結果をExcelのプルダウン機能で，事前に準備した内容を選択する。選択肢は，たとえば，業務の有無については，「有」，「無」のいずれかであるから，その選択肢を数値化することによって，可視化して見せる方法を考案する。

③　「業務機能プール」は，業務を「業務」＝「業務機能」×「業務フロー」×「インターフェース情報」として，業務機能と業務フローの両面から整理し，記述した。したがって，自己チェックの場合は，対面でのインタビュー形式による現状業務の把握と異なり，「その業務をどの組織が担当しているか」を聞き出すことができない。そこで，「業務機能プール」のカラムに，その業務を担当している組織を追加する。これによって，業務が組織間をどのようにまたがって処理されるかが見えるようにする。

④　「業務機能プール」は，「インターフェース情報」については，記述していない。なぜならば，「インターフェース情報」は各社によって異なり，膨大にあると思われるからである。そこで，「インターフェース情報」に関する可視化については，その情報を時間軸と，情報の管理項目の2つの側面から評価する。課題を抽出するにあたって，問題の有無のみを確認することによって，業務の遂行レベルの全体像を把握することに重点を置き，ユーザー部門の担当者にとって記入しやすく，迷わず記述できることを最優先し，取り組みやすいものになるよう工夫する。問題の有無をチェックし，その結果を可視化する。

⑤　現状業務の成熟度を数値化するにあたっては，COBITの5段階の評価方法を参照して，数値化する。

⑥　また，情報システムの使用状況について，最も不安定な紙による管理から基幹システムによる管理までの4段階で，使用状況を定義して示し，評価結果を数値化する。

それぞれのチェック項目は，実務で行われている実態に即してできるだけ具体的な項目に絞った。

2.4.2 自己チェックのための「業務機能プール」の実際

実際に考案した「業務機能プール」のレイアウトを図表2-6に示す。図表2-6①〜④は図表2-5で説明したとおりである。

図表2-6⑤はレベル3における業務の有無を確認している。当該業務が存

[図表2-6] 自己チェックのための「業務機能プール」のレイアウト
―新たに追加したカラムは⑤〜⑪である―

①	②			③	④
項目番号	業務機能レベル			業務機能説明	システム要件
	レベル1	レベル2	レベル3		
1 1 1	入出庫管理	部材倉出	出庫指示作成	製造指図データに基づき,倉庫から工程への出庫指示データを作成し,製造指示書毎の出庫指示書を出力する。	・製造指図毎に,生産に必要な材料の倉庫から工程への出庫指示書を出力できること。 ・出庫指示書は,在庫管理単位での指示ができること。 ・出庫するロットは先入先出で,自動的に選定できること。
1 1 2			出庫指示書回付	出庫指示書に製造管理票を添付して回付する。	(システム対象範囲外)
1 1 3			出庫作業	出庫指示書に基づき,倉庫より原材料を出庫する。	(システム対象範囲外)
1 1 4			出庫登録	出庫を登録し,在庫を引き落とす。	・工程への払出し時に,倉庫から工程へ在庫が移動したことを登録できること。

⑤	⑥			⑦		
業務の有無	時間軸の問題			管理項目の問題		
	タイミング	サイクル	期間単位	項目不足	粒度	不正確
有	×	×				×
有						
有						
有	×	×				×

⑧	⑨	⑩	⑪
業務成熟度	情報システム使用状況	担当部署	備考
5:最適化状態 4:管理可能状態 3:定義済状態 2:反復可能状態 1:初期状態	3:基幹システムのみ 2:基幹システム+エクセル 1:定型エクセル/アクセス 0:紙 等		
4	2	業務課	
4	2	業務課	

在する場合,「有」を選択し,当該業務が存在しない場合は空欄のままとする。

　図表2-6⑥は業務遂行における課題を抽出するために設定している。時間軸に関する問題をタイミング,サイクル,期間単位の3つの視点から評価して,問題があると考えられる業務がある場合は「×」を記入する。複数の問題がある場合,複数の列に「×」を記入する。つまり,該当する項目に関して,問題の有無のみをチェックする。

　「タイミング」は,業務を実施するうえで,たとえば,開始時期が遅い,期限に間に合わない,前工程の完了が遅い,情報入手タイミングが遅いなど時期や期限などに関して問題の有無をチェックする。

　「サイクル」は,業務を実施する頻度や間隔などに関して,たとえば,実施するサイクルが長い(年に一度など)業務を実施する間隔が必要以上に空きすぎるなどに関して,問題の有無をチェックする。「期間単位」は,業務上使用する情報の期間や最小単位に関して,たとえば,前年の実績と比較できない,月別の数値しかないなどに関して,問題の有無をチェックする。

　図表2-6⑦は管理項目に関する問題を項目不足,粒度,正確性の3つの視点から評価して,問題がある場合は「×」を記入する。複数の問題がある場合,複数の列に「×」を記入する。

　「項目不足」は,業務上使用する情報の項目が足りないことにより発生している場合にチェックする。たとえば,前工程から入手する書類やデータに必要な項目が書かれていない,情報システムに入力する該当欄がないなどに関して問題の有無をチェックする。

　「粒度」は,業務上使用する情報の単位の不適切(過大／過小)により問題が発生している場合にチェックする。たとえば,全社の合計値しかないので部門別に按分している,製品別や製造ライン別の分析ができないなど情報の粒度に関して問題の有無をチェックする。

　「不正確」は,業務上使用するための入手情報が正確でないことにより問題が発生している場合にチェックする。たとえば,記載内容を毎回電話で確認している,情報が不正確なので使用していない,数値を修正しているなどに関して問題の有無をチェックする。

図表2-6⑧は業務成熟度に関する問題をCOBITの5段階を参照して，初期状態，反復可能状態，定義済状態，管理可能状態，最適化状態の5段階で評価し，該当すると思われる番号を選択する。

　「初期状態」は，当該業務について標準化されたプロセスはなく，事案ごとに場当たり的な手法が用いられる傾向にある状態をいう。

　「反復可能状態」は，同じ仕事を別の人が行っても，同様の手順で行われる程度の決められたプロセスは存在するが，標準化された手順を訓練および伝達する制度化または，成文化された状態にないため，誤りが生じやすい状態をいう。

　「定義済状態」は，手順が標準化かつ文書化され，トレーニング等を通じて必要な人に伝達されているが，標準化された手順に従うかどうかは個々の人に任されており，定義されたとおりに実施されていない業務が発生しても発見しにくい状態をいう。

　「管理可能状態」は，手順の順守度を管理することができ，手順の適切さが疑われる場合には対応策をとることができる状態をいう。具体的には，業務手順が適時に改善され，システムや各種管理ツールが仕組みとして組み込まれており，適切に使用されている状態をいう。

　「最適化状態」は，継続して業務プロセス改革を行い，他部門と連携して運用してきた結果として，手順は最も効率化された状態に保たれている状態をいう。具体的には，業務のワークフローのシステム化ができており，標準化された業務を最適化して適用できる状態をいう。

　図表2-6⑨は情報システムの使用状況をチェックする。「0：紙等」は情報システムを使用していない状態，さらに，「1：定型エクセル／アクセス」，「2：基幹システムとエクセルまたはアクセスの組み合わせ」，「3：基幹システムのみ」の4段階で，実際の業務の遂行状態を評価し，該当する番号を選択する。

　「紙等」は，当該業務について業務を実行する際に，たとえば，個人的に作成した集計表や紙の報告書など手書きの情報伝達や個人的に作成したExcel表などを使用して業務が遂行されている状態をいう。

「定型エクセル／アクセス」は，業務を実行する際に，たとえば，Excelによる定型的報告書式，Access画面へのデータ入力 など，会社や部署で決められたExcel表やAccessを使用している状態をいう。

「基幹システム＋エクセル（ExcelもしくはAccess）」は，業務を実行する際に，たとえば，生産管理システムから実績データをExcelやAccessにデータ出力して集計しているなど，基幹業務を支援するための情報システム（Microsoft社のOffice製品以外）とExcelやAccessの両方を使用している状態をいう。

「基幹システムのみ」は，業務を実行する際に，たとえば，生産管理システム，在庫管理システム，原価計算システムなどの基幹業務を支援するための情報システムのみを使用している状態をいう。

図表2-6⑩は担当部署欄であり，担当部署名また，は担当者名を記入する。その業務をどの部署または担当者が行っているかを示す。事前に自社の組織図で組織名または組織コードが決まっていれば，該当する組織名または組織コードを記入する。

図表2-6⑪は③の業務機能の説明欄の記述と実際の自社での実施内容が異なる場合に相違点を記述する。また，類似しているが異なる追加業務を実施している場合も備考欄にその旨を記述する。これによって，企業ごとに異なる業務内容を把握することができる。

次に，「業務機能プール」の結果を業務フロー図で表現し，業務を機能とプロセスの両面から可視化し，業務機能と業務フローを双方向で変更可能した「業務機能プール」の実際についてのべる。

2.5 業務フローの自動作成業務と可視化

「業務機能プール」は作業の順に記述しているので，時間をかければ，Excelで作成された業務機能記述から業務フローを書くことは可能である。実務では，業務をフロー化する作業には多くの時間がかかるので，業務をさらに効率的か

つ効果的に可視化するには、「業務機能プール」から自動的に業務フローが作成され、さらに連動して修正できる仕組みが必要であると考えた。

　また、実際の業務プロセス改革プロジェクトで新業務を設計するにあたっては、Excelで作成された「業務機能プール」を変更して新業務を記述した場合には、改めて新業務に対応する新業務フローを書く必要がある。つまり、「業務機能プール」では、業務機能の変更と業務フローの変更が連動していない。そこで、業務機能を変更した場合に、人手でフローの該当部分を変更するのではなく、システムによって自動的に業務フローを変更することができ、業務フローを変更した場合には、システムによって自動的に業務機能を変更することができる仕組みの開発が必要であると考えた。

2.5.1　フロー図による業務の可視化の要件

　「業務機能プール」を使って現状業務をチェックした結果を、業務フローで可視化するにあたり、実現したい要件を次のように整理し、その要件を実現することができるツールを構築することにした。その要件は以下のとおりである。

① 「業務機能プール」から自動的に業務フロー図が作成されること
　　「業務機能プール」は入れ子構造でできており、業務は作業の順番に記述されている。したがって、これをそのまま業務フロー図に展開できれば、業務の流れをフロー図で可視化できることになる。

② 業務ならびに業務と業務の間の業務フローに問題がある場合、その業務の問題を可視化してわかり易く表示できること
　　「業務機能プール」はレベル3の業務に対して、図表2-6に示した評価項目ごとに評価できる。その評価結果をフロー図の中で可視化して表示できれば、業務プロセス改革プロジェクトメンバーは、現状業務課題をフロー図で、可視化された状態で確認することができる。それによって、業務プロセスに対する課題解決が効率的かつ効果的に推進できると考えられる。

③ Excelで作成された「業務機能プール」と業務フローが双方向で変換できること

業務フローをもとにして，業務プロセス改革や業務のシステム化など改善案が提示されたとき，その改善後の新業務フロー図から自動的に「業務機能プール」を変更する。そして，業務プロセス改革プロジェクトでは，何度も検討を重ねて新業務を設計するので，その新業務フローと新業務を反映した「業務機能プール」をバージョン管理することによって，効率的かつ効果的に新業務設計ができると考えた。

以上の要件をもとにしていくつかの市販パッケージ・ソフトウェアを検討し，その適合性から株式会社サン・プラニング・システムズのiGrafxを使って，「業務機能プール」の可視化を実現するツールを開発することにした。すわわち，株式会社サン・プラニング・システムズに開発要件を提示し，必要な機能を備えたシステムを開発した。

「業務機能プール」は自己チェックによる現状の評価結果を業務フロー図に表示する。また，「業務機能プール」は業務のフロー化だけではなく，評価結果である問題も業務フロー図の中に可視化して表示することができる。したがって，業務プロセス改革プロジェクトの関係者は業務を業務機能の側面からだけではなく，業務をフローの側面から検討するにあたり，業務フロー図に可視化して表示された問題を共有することによって，新業務の構想を効率的かつ効果的に検討することができる。すなわち，最適化された業務機能と業務フローを効率的かつ効果的に検討し，設計することができる。

2.5.2 「業務機能プール」による業務の可視化

業務を業務機能と業務フローの双方からの検討し，業務プロセスを最適化する作業を繰り返す。これによって，業務プロセス改革プロジェクトのメンバーは，最適な業務機能と最適な業務フローの作成を効果的かつ効率的に行うことができる。

図表2-7は，「業務機能プール」による業務プロセス改革の概要を模式図で示したものである。

以下に，図表2-7に示した内容について，番号順に説明する。

[図表2-7]「業務機能プール」による業務プロセス改革の流れ
―「業務機能プール」とフロー化による可視化の実現―

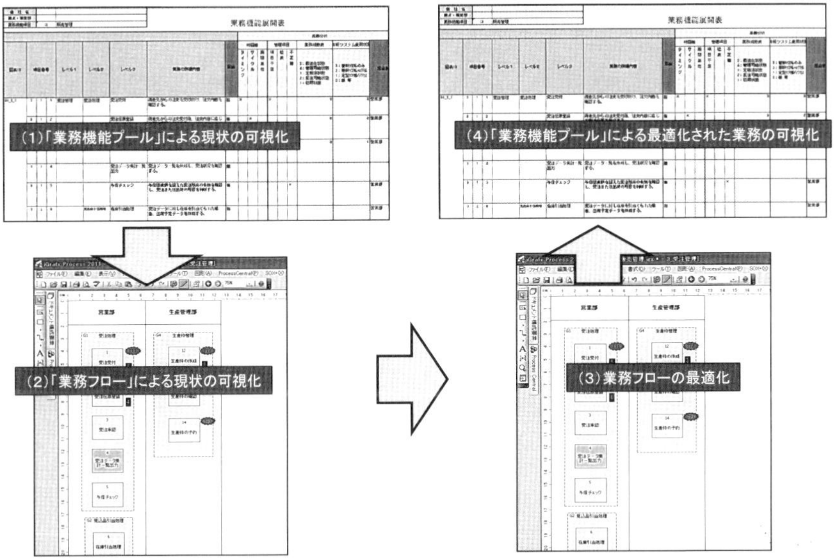

(1)「業務機能プール」による現状の可視化

(2)「業務フロー」による現状の可視化

(3) 業務フローの最適化

(4)「業務機能プール」による最適化された業務の可視化

⑴ 「業務機能プール」による現状の可視化

　まず，業務プロセス改革のプロジェクトメンバーが，業務プロセス改革対象部門の担当者に対して「業務機能プール」を使った業務プロセス改革の進め方について説明する。説明は対象部門の担当者1人ひとりに行う場合もあれば，複数の対象部門の複数の担当者に対して行う場合もある。実務では，1時間程度の説明である。

　次に，対象部門の担当者は，「業務機能プール」を使って，それぞれの担当機能分野について，それぞれの都合の良い時間で，現状確認しながらチェック・記入する。実務では，図表2-1に示した販売管理，調達管理，製造など8分野について，対象部門の担当者がそれぞれ1つの分野を担当し，チェック・記入するのに必要な時間はそれぞれ1時間程度である。

　さらに，記入を終えた対象部門の担当者は，記入内容に間違いがないかを確認するために，必要に応じて，他の対象部門の担当者などに意見を求める等の

作業を行う。

そして，Excelで作成された記入済みの「業務機能プール」は業務プロセス改革のプロジェクトメンバーに送信される。

(2) **業務フローによる現状の可視化**

プロジェクトメンバーは，Excelで作成された記入済みの「業務機能プール」からフロー化の機能を使って，ほぼ自動的に業務フロー図を作成する。実務では，すべての業務機能領域をフロー化するために必要な日数は1日から2日程度である。

さらに，プロジェクトメンバーは，「業務機能プール」による業務フロー図を読み込んで，業務フロー図で可視化して表示された問題や情報システムの使用状況などの情報を使って，現状の理解とともに，解決すべき課題等を整理する。

(3) **業務フローの最適化**

プロジェクトメンバーと対象部門の担当者は，可視化された現状業務フローならびに整理された課題等について討議し，業務プロセス改革の方向性や，解決すべき課題やその解決策および，改革後の業務プロセスについて具体化する。討議により具体化された改革後の業務プロセスは，業務フローの変更作業を行うことによって，最適化された改善後の業務フロー，すなわち，新業務フローとして可視化される。

(4) **「業務機能プール」による最適化された業務の可視化**

業務プロセス改革プロジェクトのメンバーは，新業務フローをExcelで作成された「業務機能プール」に変換する。

表形式のExcelで作成された「業務機能プール」は，新業務フローに対して，「業務機能プール」に標準機能として組み込まれているシステム要件（図表2-3参照）と照合し，新業務フローをどのようにシステム化し，実現するかなど，実現化のための討議を行う。

このようにして,業務プロセス改革プロジェクトのメンバーは,業務を業務機能と業務フローの双方から最適化作業を繰り返すことによって,最適な業務機能と最適な業務フローの作成を効果的かつ効率的に行うことができる。

次に,「業務機能プール」で確認された課題や情報システムの使用状況などの自己チェックの結果を可視化する方法を図表2-8に示す。

「業務機能プール」では,自己チェックを行う際の評価項目がいくつかある(図表2-6参照)。

図表2-8⑥「時間軸の問題」,図表2-8⑦「管理項目の問題」では,「業務機能プール」を使った調査時点で,「×」印を入れると,それぞれ,図表2-8に示した記号(TT, TC, TP, ML, MU, MI)が業務機能の左右に記載される。

[図表2-8]「業務機能プール」による業務の可視化

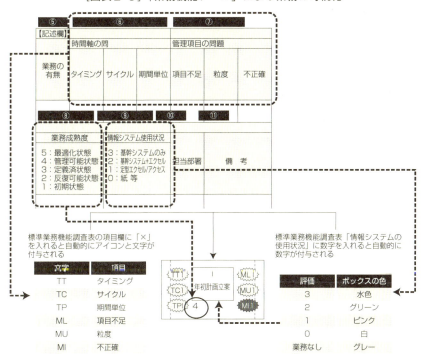

この表示があるということは，その業務に問題があるということを示している。

図表2-8⑧「業務成熟度」は1から5の5段階で評価され，図表2-8に示すように，業務機能のボックスの左下に評価された番号が記載される。

図表2-8⑨「情報システム使用状況」は0から3の4段階で評価され，図表2-6に示すように，業務機能のボックス自体の色が変わる。たとえば，評価が3であれば，業務機能のボックスの色は水色で表示される。

⑤の「業務の有無」に対して，該当業務がない場合は，業務機能のボックスの色はグレーで表示され，業務機能のボックスは業務フローの枠外に記載される。

2.5.3 「業務機能プール」による業務の可視化のアウトプット事例

コンサルティングの実務で，加工組立型製造業を対象にして，「業務機能プール」を活用して現状業務の把握と問題抽出ならびに課題設定を行った。複数会社での取り組みの結果，分析結果を可視化して見せる方法を定型化することができた。以下にアウトプット例を示す。

(1) 「業務機能プール」を使って，業務を業務機能で可視化したアウトプット例

図表2-9に「業務機能プール」を使って，業務プロセス改革対象部門の担当者が記載した自己チェックの集計結果を例示して示す。

業務機能はレベル3でチェックするが，集計表ではそれらレベル3の自己チェックの結果を集計し，レベル2で評価をした。

たとえば，図表2-9の上段の発注処理では，レベル3で，業務の有無では，該当する業務が5である。項目数は，レベル2の発注処理に対して，レベル3の業務数が7であることを示している。したがって，該当率では，71.4％（5／7）である。同じく，充足率も71.4％（5／7）である。タイミングでは，該当数が0とは，問題があるとチェックした項目数が0であることを示している。したがって，該当率は0であり，充足率は100％である。

実際に，発注処理のレベル3は，発注案修正，発注入力，移動案（修正）作成，発注案承認，発注書出力，発注書FAX，発注データ作成／送信（EDI）

[図表2-9] 自己チェックの集計結果の例
―調達管理より抜粋―

業務機能レベル			業務の有無	時間軸の問題			管理項目の問題			業務成熟度	情報システム使用状況
レベル1	レベル2	レベル3	充足度	タイミング	サイクル	期間単位	項目不足	粒度	不正確	成熟度	システム化
発注管理	発注処理	該当数	5	0	0	0	0	0	0	5	5
		項目数	7	7	7	7	7	7	7	7	7
		該当率	71.4%	0.0%	0.0%	0.0%	0.0%	0.0%	0.0%	71.4%	71.4%
		充足率	71.4%	100.0%	100.0%	100.0%	100.0%	100.0%	100.0%	71.4%	71.4%

機能の充足率

業務機能レベル		業務の有無	時間軸の問題			管理項目の問題			業務成熟度	情報システム使用状況
レベル1	レベル2	充足度	タイミング	サイクル	期間単位	項目不足	粒度	不正確	成熟度	システム化
調達計画	長納期品所要量計算	100%	0%	0%	50%	100%	100%	50%	50%	100%
	長納期品需給調整	100%	100%	100%	100%	100%	100%	100%	0%	100%
発注管理	発注/移動量計算	100%	33%	0%	67%	100%	100%	100%	100%	100%
	発注処理	71%	100%	100%	100%	100%	100%	100%	71%	71%
	拠点間移動処理	100%	100%	100%	100%	100%	100%	100%	0%	100%
	納期回答	100%	67%	100%	100%	100%	100%	67%	100%	100%
	納期管理	100%	50%	50%	50%	100%	100%	100%	100%	50%
部材出荷管理	部材出荷処理	0%	100%	100%	100%	100%	100%	100%	0%	0%
部材入荷管理	部材入荷処理	67%	83%	83%	83%	100%	100%	100%	50%	50%
検収管理	検収処理	100%	100%	100%	100%	100%	100%	100%	0%	0%
購買/外注管理	引合(購買/外作)	100%	0%	0%	0%	0%	0%	0%	0%	0%
	見積(購買/外作)	100%	0%	0%	0%	0%	0%	0%	0%	0%
	買値引	100%	100%	100%	100%	100%	100%	100%	100%	100%
	外注単価チェック	100%	0%	0%	0%	0%	0%	0%	0%	0%
	外注進捗管理	100%	0%	0%	0%	0%	0%	0%	0%	0%
部材支給管理	支給指示	100%	100%	100%	100%	100%	100%	100%	0%	0%
	無償支給	100%	67%	100%	100%	100%	100%	100%	0%	67%
	有償支給	0%	100%	100%	100%	100%	100%	100%	0%	0%
情報・実績管理	購買分析	100%	100%	100%	100%	100%	100%	100%	100%	100%

の7項目で構成されている。移動案（修正）作成および発注データ作成／送信（EDI）業務はなく，この2項目の業務について充足度は「×」の評価になっている。そこで，該当する7項目のうち，充足している項目は5であり，充足度は71％（5／7）となる。図表2-9の下段は，調達管理機能のすべてを示している。ここでは，充足率が100％ではない業務，すなわち，何らかの問題があるとした業務に網掛けをして表示した。

　このように，業務プロセス改革プロジェクトのメンバーは，従来はインタビュー等によって業務プロセス改革対象部門の業務の実態を把握していたが，「業務機能プール」を使うことによって，業務プロセス改革対象部門の担当者自身が自己チェックをした結果をもとにして，現状業務を可視化して把握し，

それを評価することができた。

(2) 「業務機能プール」を使って，業務を業務フローで可視化したアウトプット例

　図表2-10に「業務機能プール」を使って自動作成された業務フローを示す。業務フローはExcelで作成された「業務機能プール」を使って自己チェックを行った結果が反映されている。

　具体的には，図表2-8で説明したように，自己チェックで「×」を入れた評価項目は，記号（TT，TC，TP，ML，MU，MI）が業務機能のボックスの左右に記載されている。この表示があるということは，その業務に該当する課題があるということを示している。

　Excelで作成された「業務機能プール」では，業務の前後関係が見えにくいが，業務を業務フローで可視化することによって，前後関係を含む一連の流れとしての業務課題を容易に確認することができる。

　また，業務成熟度は1から5の5段階で評価され，業務機能のボックスの左下に評価された番号が記載されている。図表2-10では，評価は5（最適化状態）であり，業務は安定していることを示している。また，情報システムの使用状況は0から3の4段階で評価され，業務機能のボックス自体が色別に示されている。図表2-10のほとんどの業務機能のボックスの色は水色である。これは情報システムの使用状況の評価が3（基幹システムのみ）であることを示している。つまり，調達業務は基幹業務システムで運営されており，その業務成熟度は最適化状態にあることを示している。該当業務がない場合は，業務機能のボックスの色はグレーで表示され，業務機能のボックスは業務フロー図の枠外に記載されている。図表2-10では，レベル2の発注処理で，レベル3の移動案（原案）作成の業務がないことを示している。

　このように，業務フローにはExcelで作成された「業務機能プール」を使って自己チェックを行った結果が可視化して反映されている。

[図表2-10] 自動作成された業務フローの例
―調達管理より抜粋―

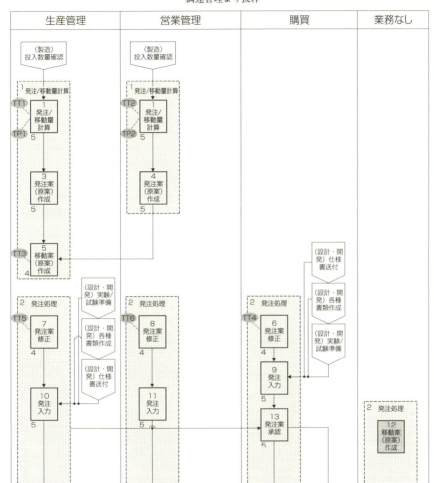

(3) 業務プロセス改革の方向性に関する提案のアウトプット例

「業務機能プール」を使って,現状業務を業務機能と業務フローで表示し,同時に問題を可視化して表示することができる。その結果を業務プロセス改革プロジェクトメンバーで検討し,課題を設定し,業務プロセス改革の方向性を導いた。そのアウトプット例を図表2-11に示す。

図表2-11の上段は,「業務機能プール」による自己チェックの結果を示す。レベル2で,業務機能は全体で13機能ある。その中で,問題がないと回答されているのは「原価基準設定」,「実績データ収集」,「実際原価の集計」,「原価差異分析」の4つの機能である。その他の9つの業務機能については,何らかの問題があると回答されている。

業務の有無に関しては,充足度が低いと回答されている機能は,レベル3の業務機能13機能のうち,9つの機能である。また,業務の成熟度については,

[図表2－11] 業務プロセス改革の方向性の提示例
―原価管理の事例より―

業務機能レベル		業務の有無	時間軸の問題			管理項目の問題			業務成熟度	情報システム使用状況
レベル1	レベル2	充足度	タイミング	サイクル	期間単位	項目不足	粒度	不正確	成熟度	システム化
標準/予定原価設定	原価基準設定	60%	80%	80%	100%	100%	100%	80%	60%	60%
	費目別原価設定	100%	100%	100%	100%	100%	100%	100%	100%	100%
	製番別原価設定	0%	100%	100%	100%	100%	100%	100%	0%	0%
	標準/予定原価登録	100%	0%	0%	100%	100%	100%	100%	0%	0%
	標準/予定原価承認	0%	100%	100%	100%	100%	100%	100%	0%	0%
実際原価	実績データ収集	100%	100%	100%	100%	100%	100%	100%	100%	100%
	実際原価計算	78%	100%	100%	100%	100%	100%	100%	78%	78%
	出荷後原価の把握	0%	100%	100%	100%	100%	100%	100%	0%	0%
	製番のクローズ	0%	100%	100%	100%	100%	100%	100%	0%	0%
	実際原価の集計	100%	100%	100%	100%	100%	100%	100%	100%	100%
	製番別原価差異分析	0%	100%	100%	100%	100%	100%	100%	0%	0%
原価分析	原価差異分析	100%	100%	100%	100%	100%	100%	100%	100%	100%
	コスト分析	50%	100%	100%	100%	100%	100%	100%	50%	50%

業務機能プールの分析により推察される問題点(仮説)
・標準(予定)原価の精度が低く,原価のシミュレーションができない可能性がある
・原価の実績値と予測値との差異原因の分析が十分になれてておらず,差異原因の改善に向けたアクションにつながっていない可能性がある

業務プロセス改革の方向性(目指す姿)
・原価情報を定期的に更新し,改善活動に活用できる原価計算精度を構築する
・改善計画作成に資する原価情報が,タイムリーに把握できる
・確度の高い予算作成と予算管理が実行となっている
・原価のシミュレーション,製品の見積もりが迅速にできる基盤情報の整備が出来ている

実行案	戦略・方針	・原価計算制度の再設計(原価計算既定の改変)
	業務プロセス	・標準(予定)原価作成業務,実績原価の差異分析,決算の為の実際原価作成プロセスの検討
	IT	・標準(予定)原価計算,実績原価計算,差異分析が可能なシステムの構築 ・原価計算に必要な情報を入力できる仕組みの構築
	組織・役割	・標準(予定)原価の維持管理,差異分析を行う組織の新規構築
	運用ルール	・原価管理が可能となる,精度の高いマスター情報の維持管理

レベル3の業務機能13機能のうち，8つの機能について成熟度が低い，すなわち業務が安定していないと回答している。情報システムの使用状況では，レベル3の13の業務機能のうち，8つの機能について，システム化のレベルが低いと回答されている。これは，業務が人に依存する不安定な仕組みになっている可能性があることを示していると考えられる。

　以上の分析と業務プロセス改革の方向性の提案は，「業務機能プール」を活用して，現状業務を可視化し，問題を共有し，課題設定して得られた検討結果の一部である。

　図表2-11の中段では，「業務機能プール」の総合的な分析の結果から，推察される問題点と課題仮説を記述した。下段の右側に記述しているのは，業務プロセス改革の方向性を示している。

　このように，「業務機能プール」を使った業務プロセス改革プロジェクトでは，業務の可視化を効率的かつ効果的に行い，その分析結果から問題の共有化と課題仮説の設定や業務プロセス改革の方向性を示す。すなわち，業務プロセス改革プロジェクトにおいて，可視化された事実に基づく討議を促進する。討議の結果は業務機能と業務フローの双方向からの変換機能を使って，効率的かつ効果的に新業務の設計作業を繰り返し，最終的に，最適な新業務を設計することができる。

　図表2-11の下段は，新業務を実現する業務改革プロジェクトの取り組みについて記述している。具体的には，その業務プロセス改革を実現するためには，たとえば情報システムを改修するだけでは目指す業務プロセス改革を実現することは不可能である。そこで，ここでは，「戦略・方針」，「業務プロセス」，「IT」，「組織・役割」，「運用ルール」について，業務プロセス改革の方向性を実現する為の取り組みについて，全体を統合して示した。

　実際に，業務プロセス改革は，改革に対する経営の関与と明確な方針の提示を含む総合的な改革であり，業務を業務機能と業務フローの両面から可視化して見せる技術が重要であることがわかる。

2.6 まとめ

　業務プロセス改革には，業務全体を可視化するための理論と手法が必要になる。その可視化のためには，とくに，現状の業務を効率的に把握すること，および，定量的かつわかりやすく業務を可視化して見せることが重要である。

　そのために，まず，企業における業務の中から多くの企業で共通して適用できると思われる機能を抽出整理し，体系的に記述することを試みた。

　さらに，体系的に記述した「業務機能プール」を作成し，それを業務テンプレート（雛形）として実際の業務と比較することにより，実際の業務を効率的に把握することを考えた。

　次に，業務を業務機能の側面と業務プロセスの側面の両面から把握し，現状業務とその課題を可視化することにより，業務プロセス改革プロジェクトを効率的かつ効果的に推進する手法を検討した。すなわち，業務機能を抽出し整理するあたり，実務を通して得られた多くの業務プロセス改革事例から業務機能を収集整理し，業務の可視化においては成熟度モデルにCOBITで用いられている5段階の評価方法など既存の知見を活かしながら，現状業務を把握し，課題を可視化する手法である「業務機能プール」を考案した。

　さらに，業務は組織間をまたがってその機能が遂行されるので，業務プロセスを業務フロー図で表示して可視化するという課題に取り組んだ。具体的には「業務機能プール」の結果を業務フロー図で表示し，業務を機能とプロセスの両面から可視化し，業務機能と業務フローを双方向で変更可能な手法を考案した。

　これによって，業務を業務機能と業務プロセスの両面から把握するとともに，業務プロセス改革において，業務を業務機能と業務プロセスの両面から分析し，それをもとにして新業務を設計することが可能になった。

第3章 「業務機能プール」を活用した業務プロセス改革の事例

3.1 本章の概要

本章では，2つの事例を紹介する。

1つは，地方銀行における取り組みである。地方銀行である広島銀行では，貸出先である自動車部品製造業を代表とする加工組立型製造業において，業務の可視化による現状把握と課題抽出に「業務機能プール」を活用する取り組みを行った。

その結果，資金の貸し手である銀行と資金の借り手である企業の双方において，業務の可視化による現状把握と課題抽出が効率的かつ効果的に行われ，銀行による経営改善支援と企業における業務プロセス改革の推進に役立てている。

2つ目の事例は，自動車部品製造業である住野工業における業務改革プロジェクトへの適用事例である。住野工業では，システム化を伴う業務改革プロジェクトにおける業務の可視化に「業務機能プール」を活用した。このプロジェクトでは，タイに製造拠点としての新会社を設立するにあたり，新業務の企画・開発・導入プロジェクトに「業務機能プール」を適用し，従来と比較して，より具体的で効率的かつ効果的にプロジェクトを推進することができた。

3.2 加工組立型製造業を対象にした地方銀行の事例

　広島銀行[1]では，自動車関連の製造業を代表とする地場産業の育成に関して，借り手である取引先企業の事業をより理解して，取引先企業の経営計画の策定を通じて経営改善を支援する取り組みを継続して行ってきた。

　高度成長期には旺盛な資金需要に対して，貸し手である銀行は貸出審査を行い，借り手である企業に必要な資金を供給してきた。低成長期に入り，業種によっては事業縮小や廃業等の後ろ向きの資金が必要になり，取引先企業の事業存続リスクの把握がより重要になってきた。それと同時に，取引先に対しては，いわゆる不動産担保だけではなく，経営の良否に応じて取引内容を選別する必要が生じてきた。すなわち，経営状態に問題のある取引先に対しては，その経営状態を従来の貸出審査にとどまらず，経営の取り組みそのものに対して情報を共有し，経営計画の作成支援を通じて，事業再生を支援する。一方で，事業規模が小さくても，成長が見込めると思われる企業に対しては，その事業の内容をよりよく理解し，将来計画を共有した経営計画の作成を支援し，資金面の支援のみでなく，経営指導も含めて支援する取り組みである。

　同行では，従来から取引先企業の経営計画策定支援を行っていたが，取引先企業の事業のみでなく，その業務の実態をより効率的かつ効果的に理解するために，「業務機能プール」を使った現状業務の可視化に取り組んだ。以下に，その取り組み内容を紹介する。

(1) 業務を可視化するにあたっての取り組み課題

　一般に，銀行は取引先企業の経営実態を把握するにあたり，取引先企業の財務内容や商品・サービスだけでなく，経営者や経営幹部との情報交換を通じて，より広範囲に，さまざまな視点で取引先企業の実態を把握している。しかし，

1　株式会社広島銀行：2014年9月30日時点で，国内本支店150店，出張所18，海外駐在員事務所23を有する地方銀行で，預金業務，貸出業務，有価証券売買業務・投資業務，為替業務などを行っており，資本金545億73百万円，預金6兆2,388億円，貸出金4兆9,426億円である。

第3章 「業務機能プール」を活用した業務プロセス改革の事例　63

同行では，その実態の把握の内容には偏りがあると考えた。つまり，
① 取引先企業の財務面での経営実態や経営者に関する情報は，損益計算書や貸借対照表などの財務諸表を共有し，継続的な面談を通じて，十分に把握しているといえる。
② 取引先企業の事業に関しては，たとえば製造業であれば，会社案内や商品サービスのカタログや工場見学を通じて，また継続的な情報交換等により実態把握が可能といえる。
③ 取引先企業が所属する業界に関する情報については，外部環境情報の収集分析を積み重ねており，十分に情報を把握しているといえる。
④ 一方，企業の業務プロセスの実態，たとえば，製造業であれば受注管理や生産管理，製造管理や原価管理などの業務の遂行状態について，その実態を把握し，その実態情報を可視化して，取引先と業務課題について討議するための情報は不足していると認識していた。
⑤ つまり，企業の業務プロセスの実態を把握し記述する方法，および，その把握した情報を評価する方法について，効率的で効果的な手法の開発が必要と考えた。

そこで，同行は，さまざまな取り組みの1つとして，従来型の，インタビュー形式で現状業務を確認する「業務機能調査表」を使って，取引先企業の業務の可視化を試みた。

実際には，その「業務機能調査表」をもとにして，銀行員が直接，取引先企業の担当者にインタビューすることによって業務の実態把握を試みた。しかし，実際に実施してみると，実態調査をする担当銀行員と取引先企業の担当者の双方が調整して，十分な時間を割くことができる日程を確保するのは容易ではない。また，実際にインタビュー形式で実施すると，予想以上の時間がかかる。すなわち，「業務機能調査表」に記述してある多くの業務機能の1つ1つに対して質問し，回答内容を記述する作業には膨大な時間がかかることがわかった。さらに，時間がかかるだけでなく，担当銀行員の業務に対する理解度によって，現状業務を把握する為の記述を効率的に進めることが出来ないことがわかった。

(2) 「業務機能プール」を使った業務可視化の取り組み

　同行は、効率的かつ効果的に取引先の業務プロセスの実態把握をする為には、取引先企業の担当者による自己チェックの仕組みが必要であると考えた。

　そこで、自己チェックによる業務の可視化を可能にした「業務機能プール」を取引先企業の業務の実態把握に適用することにした。同時に、「業務機能プール」から業務フロー図を自動的に作成することによって、業務を業務フロー図で可視化することを試みた。

　図表3-1は、実際に機械部品製造業X社に適用した取り組みを模式図で示したものである。すなわち、取引先にExcelで作成された「業務機能プール」を提示し、その記述方法を説明して、実際に取引先企業の担当者が「業務機能プール」を用いて、自社の業務の実態を記述することにした。

　この取り組みにおいて、取引先と同行が双方の可能な日程を調整して作業を実施するのは、図表3-1において白抜きで示した説明会の実施（1日）と取引先企業への報告と討議（1日）だけである。その他の作業は取引先企業の担当者および同行の担当者がそれぞれの可能な日程で独自に作業をすることができる。また、実際に「業務機能プール」に記入するのは、最も業務を知っている取引先企業の担当者であり、実際に取り組んでみると「業務機能プール」への記入時間は短くて済むことがわかった。

[図表3-1]「業務機能プール」を使った可視化の取り組み
―機械部品製造業X社の―

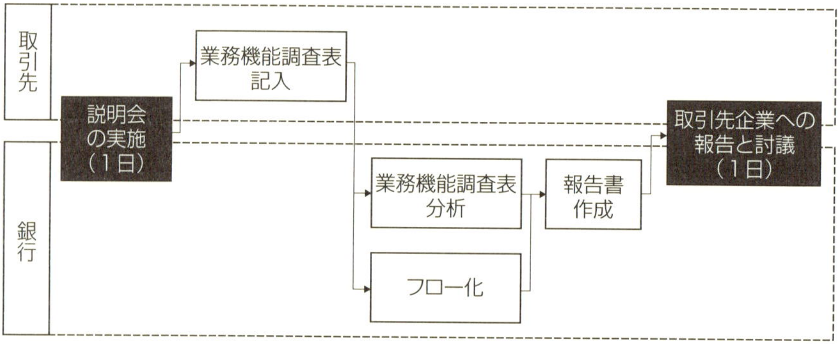

第3章 「業務機能プール」を活用した業務プロセス改革の事例 65

図表3-2にその作業計画書の作業項目を示す。作業スケジュールは一部を抜粋して示す。

「業務機能プール」への記載は，販売管理や調達管理，在庫管理，管理会計など，実際に業務を熟知している取引先企業の担当者が分担して記入した。それによって，記入方法に関する説明会の実施後，取引先企業では，「業務機能プール」への記入は容易であり，かつ短時間で記入することが出来た。

図表3-2の作業計画書により行われた実際の作業の所要日数（工数：人日）

[図表3-2]「業務機能プール」を使って業務の可視化を行った作業計画書
―機械部品製造業X社の例：一部抜粋―

作業番号			作業項目	作業内容	スケジュール管理				
大	中	小			開始(予定)	開始実績	終了(予定)	終了(見込)	終了実績
1000			実態情報の作成						
	1100		業務機能調査表記入						
		1110	業務機能調査表記入説明実施	業務機能調査表の記入方法について説明を実施する	4/3	4/3	4/3		4/3
		1120	業務機能調査表QA実施	業務機能調査表の不明点等についてQAを実施する	4/3		4/12		4/12
		1130	業務機能調査表を作成する	業務機能調査表の調査項目への記入を行う	4/3		4/12	4/15	4/15
	1200		フローチャート作成						
		1210	「業務機能プール」の操作説明	システムの受領および説明を受ける	4/15		4/15		4/15
		1220	フローチャート化作業	フローチャート化作業を実施する	4/18		4/24		4/24
		1230	フローチャートチェック	フローチャート化作業を最終化する	4/25		4/26		4/26
	1300		変革点検討						
		1310	業務調査表集計	業務調査表の回答結果を集計する	4/15		4/26		4/26
		1320	集計結果分析	集計された結果について分析，コメントを行う	4/26		5/2		5/2
		1330	フローチャート分析	集計された結果について分析，コメントを行う	4/26		5/2		5/2
	1400		報告書作成						
		1410	報告書作成	報告書を作成する	4/30		5/7		5/7
		1420	報告書最終化	報告書の最終化を行う	5/8		5/8		5/8
	1500		報告会						
		1510	報告会準備	報告会の日程，場所，出席者等の調整を行う	4/15		4/24		4/24
		1520	報告会実施	作成された報告書に関する報告を実施する	5/9		5/9		5/9

の概算を図表3-3に示す。また，参考として，実務でコンサルティング会社が同様の業務を受託して実施する場合の概算の所要工数をそれぞれの作業ごとに比較して示す。業務を可視化して報告する一連の作業では，「業務機能プール」による可視化作業の総所要工数が13人日であるのに対して，インタビューにより外部の専門家が実施する場合は，54人日と見積もられ，「業務機能プール」による可視化作業は約1／4である。

　実際に最も時間がかかる業務機能調査では，説明会を実施する1人日であり，インタビューにより外部の専門家が実施する場合は，20人日と見積もられる。したがって，「業務機能プール」ではインタビューにより外部の専門家が実施する場合と比較して，1／20の工数で業務の記述が可能になった。

　業務フローの作成においては，「業務機能プール」によるフロー化の作業が

[図表3-3]「業務機能プール」による可視化と従来法の比較

		「Stream+」による可視化作業 所要日数（工数：人日）	インタビューにより，外部専門家が実施【参考】 所要日数（工数：人日）
業務機能調査表作成	・分析の方針を決め，業務機能テンプレートを改良し，取引先担当者に記載して頂く。	1人日（1名で1日）記述方法の説明会を実施	20人日（2名で10日）2名でインタビューを実施し，記録を残す
業務機能別　調査表集計／部門別　調査表集計	・調査結果を元に，集計を行う。・集計結果で課題提示と変革点および，その内容を検討する	4人日（1名で4日）	8人日（2名で4日）
業務フロー作成	・Stream+の業務フロー作成機能を使用し，業務フローを作成する	2人日（1名で2日）	20人日（2名で4日）
報告書の作成	・上記検討に基づいて，報告書を作成する。機能面と組織面での分析並びに変革点等をまとめる。	4人日（1名で4日）	4人日（2名で2日）
報告会の実施	・作成した報告書で，報告会を実施する	2人日（2名で1日）	2人日（2名で1日）
所要日数合計（工数）		13人日	54人日

2人日であるのに対して，手作業によるフロー化の作業では，20人日と見積もられ，「業務機能プール」では従来法により外部の専門家が実施する場合に比較して，1／10の作業工数で業務のフロー化が可能である。

　作業期間では，「業務機能プール」を使う場合は，2週間程度で完了しているが，インタビューによる方法では，最短でも1.5カ月は必要であり，外部の専門家と取引先企業の担当者のスケジュール調整を考慮すれば，実際には2.0か月は必要と思われる。すなわち，所要工数で1／4，作業期間で1／4程度であり，現状業務の把握と可視化の作業の生産性は約4倍になったと考えることができる。

　しかし，重要な効果は，最も業務に精通している取引先企業の担当者自身が，現状業務の把握とその可視化作業を担当して実施することができるようになったことである。すなわち，同行にとって，効率的かつ効果的に取引先企業の現状業務を把握し，可視化することが可能になり，実際に実務で使えるようになった。

　実際に同行では，その後多くの取引先企業の現状業務の把握と可視化作業を行い，取引先企業との間で可視化された業務機能，業務フローと業務課題を共有し，経営計画の策定支援や業務プロセス改革の支援を推進している。すなわち，業務機能と業務プロセスの両面から現状業務の分析と新業務の設計を可能にする「業務機能プール」を取引先企業の現状把握作業に適用し，取引先企業の現状業務の把握と可視化により業務課題を共有し，経営計画作成支援にとどまらず，「業務機能プール」の新業務プロセスの設計機能を活かして，企業における業務プロセス改革の推進に役立つ取り組みを推進している。

　広島地区は，マツダ株式会社に部品を納入する自動車部品製造業の集積地である。同行は，自動車部品製造業の多くの取引先企業と一体となって，現状業務の把握と可視化に取組み，経営計画の策定支援や業務プロセス改革を推進することで，取引先企業と従来以上に緊密な関係を構築している。また，この取り組みを担当した銀行員は「業務機能プール」を活用することよって，取引先企業の業務機能や業務プロセスに対する理解が深まり，実務を通じて，人材育成にもなっている。

3.3 自動車部品製造会社における「業務機能プール」の活用事例

　広島に本社がある住野工業株式会社は，自動車用中小物精密プレス部品を金型の設計・製造から部品の開発，設計，製造まで一貫して生産している，高い品質管理体制と優れた生産技術を有する中堅の製造業である。

　同社は主要な納入先である自動車会社の海外進出に伴い，海外事業の拡大を計画し，タイに工場進出することを決定した。本業である自動車用中小物精密プレス部品の生産に関しては，初めての海外生産である。製品の生産に係る技術的な取り組み，すなわち，設計や製造に関する技術の管理，製造マニュアル，品質マニュアルなどの準備と現地社員の指導については，国内事業における経験とノウハウが十分に生かせる分野であり，計画どおりに遂行できると判断した。

　一方，現地における受注から生産，在庫管理や原価管理などの日々の業務処理ならびに，それを実現する業務システムに関してはまったく経験がなく，現地の業務をどのように設計・構築・定着させるかについて検討を繰り返していた。

　さまざまな取り組みを検討した結果，同社は，「業務機能プール」による業務の可視化技術に着目して，「業務機能プール」による新業務設計の進め方を検討した。その結果，「業務機能プール」を使って，タイの生産会社における新業務を設計し，システム化を含めた新業務の開発と導入を推進することを決定した。

　具体的には，まず，「業務機能プール」を使って，本社業務ならびに国内2工場における業務機能ならびに業務プロセスを可視化して，国内事業の現状業務を雛形とすることにした。次に，その雛形を使って，タイの生産会社の業務を設計する。国内とタイの生産会社では，同様の製品を生産する計画であり，かつ，主要な取引先も国内と同様である。そこで，国内の業務を雛形にして，タイの生産会社では，現地における業務機能と業務フローを検討することで，タイの生産会社の新業務を設計する。現有する国内業務を雛形にして，まだ稼

第3章 「業務機能プール」を活用した業務プロセス改革の事例 69

働していないタイの生産会社の新業務を設計する取り組みは，効率的かつ効果的なアプローチであると考えた。

(1) 「業務機能プール」による国内業務の可視化

同社では，1年後に控えたタイ工場での生産開始までに，業務システムを構築することにした。そこで，国内の本社業務ならびに国内2工場の業務や業務システムの現状を把握するために「業務機能プール」を使用し，早期にタイの生産会社での業務の雛形をつくることにした。図表3-4に国内事業における業務可視化の計画を模式図で示す。

「業務機能プール」による業務可視化作業は，6週間という短期間での作業計画で推進することができた。

[図表3-4]「業務機能プール」による国内業務の可視化への取り組み

作業番号		作業項目	作業内容	1W 4/9 (月)	2W 4/16 (月)	3W 4/23 (月)	4W 4/30 (月)	5W 5/7 (月)	6W 5/14 (月)
大	小								
1100		「業務機能プール」を使った業務機能調査表記入							
	1110	業務機能調査表記入説明実施	業務機能調査表の記入方法について説明を実施する	■					
	1120	業務機能調査表QA実施	業務機能調査表の不明点等についてQ&Aを実施する	■					
	1130	業務機能調査表を作成する	業務機能調査表の調査項目への記入を行う	■	■				
	1310	業務調査表集計	業務調査表の回答結果を集計する			■			
1200		「業務機能プール」を使った業務フローの作成							
	1220	フロー化作業	「Stream+」を使用し，フローチャート化作業を実施する		■	■	■		
	1230	フローのチェック	フローチャート化作業を最終化する				■		
1300		分析の実施							
	1310	業務調査票の集計結果分析	集計された結果について分析，コメントを行う					■	
	1320	業務フローチャート結果の分析	集計された結果について分析，コメントを行う					■	
1400		報告会の実施 報告書作成							■
		報告会の実施							■

作業番号1100は,「業務機能プール」を使って現状業務を自己チェックし,業務の可視化を行う作業である。同社では,生産管理,製造管理や管理会計,財務会計の管理者が直接,「業務機能プール」に必要事項を記入し,さらに記入した担当者ならびに管理者の全員が,それぞれが記入した内容を確認するための会議を開催し,記入事項と問題の記述を確認して「業務機能プール」への記入を最終化した。
　このようにプロジェクト関係者が記述した同じ「業務機能プール」を確認する過程で,プロジェクト関係者は,自社の国内業務の理解が高まり,問題点も共有することができた。この取り組みにより,タイの生産会社の新業務設計にも関係者全員で取り組む体制が整った。
　作業番号1200は,「業務機能プール」でチェックされた結果を業務フローに変換し,現状業務を可視化する作業である。
　作業番号1300は,上記の業務機能ならびに業務フローの結果を検討し,国内事業の業務に関して,業務機能と業務フローの両面から課題を抽出し,整理し,業務プロセス改革の改善の方向性を整理する作業である。
　作業番号1400は,以上の内容を報告書にまとめて,報告会を実施する作業である。ここで整理された国内事業の業務の現状と課題,ならびに業務プロセス改革の方向性が雛形となって,以降の取り組みで,タイの生産会社の新業務を設計する。
　図表3-5は,本プロジェクトにおける「業務機能プール」による業務可視化の効果を所要工数で考察したものである。
　同社では,各機能担当別に「業務機能プール」に現状業務を記入し,プロジェクト関係者で情報共有し,最終化した。それぞれの作業に終日（1日）従事したわけではないが,記入する時間ならびに討議時間の合計を1日工数とした。したがって,実際の所要時間はこの数字よりも少ないと思われる。また,外部専門家の投入した所要工数は,概算で9日工数である。
　一方,図表3-3で示したとおり,同様の作業を従来法で,インタビューによって行った場合の所要工数は54人日と見積もられる。（図表3-3参照）概算ではあるが,約1／6（9日／54日）の工数である。54日の所要工数とすれば,

[図表3-5]「業務機能プール」による業務可視化の効果：概算所要日数

作業番号		作業項目	作業内容	概算所要日数（人日）	
大	小			プロジェクトメンバーの所要工数	外部専門家の所要工数
「業務機能プール」を使った業務機能調査表記入（概算）					
1100	1110	業務機能調査表記入説明実施	業務機能調査表の記入方法について説明を実施する	6（1日×6人）	1
	1120	業務機能調査表QA実施	業務機能調査表の不明点等についてQ&Aを実施する		
	1130	業務機能調査表を作成する	業務機能調査表の調査項目への記入を行う		0
	1310	業務調査表集計	業務調査表の回答結果を集計する	0	1
「業務機能プール」を使った業務フローの作成					
1200	1220	フロー化作業	「Stream+」を使用し，フローチャート化作業を実施する	0	1
	1230	フローのチェック	フローチャート化作業を最終化する	0	1
分析の実施					
1300	1310	業務調査票の集計結果分析	集計された結果について分析，コメントを行う	6（1日×6人）	1
	1320	業務フローチャート結果の分析	集計された結果について分析，コメントを行う		1
報告会の実施					
1400		報告書作成		0	2
		報告会の実施		6（1日×6人）	1
合計所要日数				18	9

　外部専門家が同社で月20日の作業をする場合に，1名で行えば，約2.5カ月かかることになる。本プロジェクトにおけるプロジェクト期間は1.5カ月である。外部の専門家の所要工数が1／6であるということは，同社が支払う外部専門家への支払い費用が1／6で済むことを意味している。また，自社のプロジェクトメンバーで実施できる範囲が広がったことは，自社のメンバーでプロジェクト推進ができ，スケジュール調整が容易であるので，短期間で導入できることを示している。

　本プロジェクトの活動の結果，同社では，「業務機能プール」による業務可視化と課題抽出ならびに業務プロセス改革の方向性の検討結果が，タイの生産会社の新業務設計に有効に活用できると判断した。すなわち，国内事業を業務機能と業務フローで可視化し，それを雛形として，日本とタイの生産会社の業務処理の関係を討議した結果，タイの生産会社の新業務の設計ならびに新システムの設計が短期間で，かつ少ない所要工数でできると確信した。

(3) タイの生産会社のシステム化プロジェクト

そこで，引き続き，「業務機能プール」を使って，タイの生産会社の新業務設計ならびにそれに基づく業務システムの開発と導入を実施することを決定した。タイの生産会社の業務プロセス改革プロジェクトの特徴は以下のとおりである。

プロジェクトの最終的なアウトプットは，業務設計を反映した業務マニュアル，システム設計を反映したERPシステムの導入とその操作マニュアル，それらのもとになる組織設計を反映した組織図と業務分掌である。タイの生産会社の稼働に合わせて，プロジェクトのアウトプットを使って従業員の訓練が行われ，オペレーションが確実に行われている状態を目指す。

図表3-6は，「業務機能プール」を使って，タイの生産会社の新業務の設計，開発と導入を行う業務プロセス改革プロジェクトの推進プログラムである。図表3-6のプログラムの上段は，システム化構想，システム実装化，導入・展開の一連のシステム化のプログラムである。下段は，システム化のプログラムと連動した業務設計・組織設計のプログラムである。業務とプロセスの構想設計，業務の仕組みの詳細設計，導入教育の実施・導入で構成されている。

図表3-6では，短期間で，タイの生産会社の業務設計，システム設計と組織設計を同時並行で実施する。そのためのツールとして「業務機能プール」が特に有効に使えると判断した。その理由は，図表3-5に示したように，「業務機能プール」が加工組立型製造業の業務機能と，それぞれの業務機能をシステムの支援で実現するためのシステム機能を記述していることによる。これによって，まず，タイの生産会社の業務機能をチェックし，その業務機能をもとにして，ERPシステムとの適合性を分析することができる。

また，プロジェクト運営に関しては，外部の専門家の参画や投入工数をできるだけ少なくし，自社のプロジェクトメンバーの担当範囲を拡大し，それぞれの専門性を活かした共同推進体制が最も効率的かつ効果的であると判断し，プロジェクト計画を策定した。

本プロジェクトでは，業務機能の範囲とシステム機能の範囲を一致させることによって，タイの生産会社で必要な業務の大部分を，ERPパッケージでカ

[図表3-6] システム化プロジェクトの概要
―短期間でタイ子会社へのERPパッケージ導入プロジェクト―

	2013年6月～8月（3カ月）	2013年9月～12月（4カ月）		2014年1月～3月（3カ月）
	システム化構想	システム実装化		導入・展開
		システム要件定義/設計	開発・テスト・移行	
システム化	■効率良いシステム構築方針を検討する。 ■システムを具体的に構築する導入ベンダーを選定する。 ■システム化作業全体のマスタープランを作成する。 ■開発体制，投資費用，投資回収方針（ROI）を作成し，承認を得る。	■システム化の具体的な要件（インプットデータ機能/アウトプット帳票など）を整理する。 ■システム構築のためのスケジュール，予算，人員体制を詳細化する。	■システムを開発を行なう。 ■新システムテスト（検証）を行い，導入する。 ■新システム導入に向けたデータの整備	■ユーザーに対する教育を行なう。 ■新システムの導入状況や活用状況をモニタリングし，当初目標効果の刈り取りのため，継続的な改善を行なう。
	業務とプロセスの構想設計	業務の仕組の詳細設計		導入教育の実施・導入
業務設計・組織設計	■業務水準と現状システム（国内，海外）との適合状況を調査する。 ■タイ工場と国内の業務機能分担の設計 ■サプライチェーンのパターンの設定 ■業務・プロセス・組織（タイ／国内）の業務分担の設計	■業務の具体的な要件を整理する。 ■詳細業務を設定する。 ■業務マニュアル化の対象の決定		■業務マニュアル，システムオペレーションマニュアルの作成 ■入力作業など日々のオペレーション設計 ■業務指導／教育の実施

バーする。その理由は，タイの生産会社の業務運営が，日本国内とは異なる環境で遂行されると考えられるからである。

　具体的には，社員の定着率が低く，現場のワーカーを含めると平均的な離職率が30％程度になる可能性がある。その場合には，平均的には3年で全員が入れ替わってしまうことになる。

　そこで，安定した業務運営を行うためには，業務の標準化とシステムによる業務推進の範囲を拡大し，マニュアルを整備して，社員の入退社に即応して業務推進のトレーニングを行い，早期に即戦力にする必要がある。どの業務をシステム化するかを検討するにあたっては，「業務機能プール」を活用することによって，業務機能と業務フローの両面から効率的かつ効果的に新業務を設計することができた。

　本プロジェクトは，計画どおりに2014年3月に現地で稼働し，運用が開始された。また，費用面でも当初計画した予算を上回ることなく，プロジェクト活動を終了することができた。すなわち，短期間で，かつ少ない投入時間で予算どおりに推進できた成功プロジェクトといえる。

第4章 「KPIプール」による業務プロセス改革

4.1 本章の概要

本章では，管理レベルの課題である業務プロセス改革に最適なKPIの設定について述べる。

業務プロセス改革には，業務全体を可視化するための理論と手法が必要になるが，とくに，如何に現状の業務を効率的に把握できるか，ということに加え，業務の成果をどのように測定できるかが重要である。そのために，KPIは有効なツールである。

従来法においては，最適なKPIを抽出しようとする目的に対して，抽出者に思考の枠組みを与えることによってKPI候補の抽出をより容易にしようとするものである。しかし，抽出者の知識や知恵を超えるような最適なKPIを抽出することはできない。

そこで，抽出者に，より広い知識を提供し，思考や発想の幅を広げ，より深く考えることを支援する仕組みがあれば，従来法の限界を克服することができると考えた。

具体的には，まず，膨大にあると考えられるKPIをさまざまな資料から収集し，1,697のKPIを整理して，「KPIプール」を考案した。さらに，KPIの抽出作業にその「KPIプール」を活用する新手法を開発し，実務に適用した。

4.2 KPI抽出および設定における従来法の課題

　製造業の経営管理で，基本となる3つの視点はQ（Quality：品質），C（Cost：コスト），D（Delivery：納期）であるという考え方は広く認識されている。しかし，品質を上げるために原価が高くなったり，納期が長くなるということでは製品の競争力が下がる。また，原価を低減するために本来必要である品質が下がるようでは同じく競争力が下がってしまうし，納期短縮のために工程を省き品質が確保できないようでは競争力が下がる。

　すなわち，売上や利益を上げるという経営管理の上位指標を達成するためには，Q，C，Dのように相反する要素の目標を同時に達成する活動が必要になる。このように，KPIマネジメントの役割が重要であるが，バランスのとれた最適なKPIの設定は容易ではない。

　一般に，企業内でKPIマネジメントを遂行するために，KPIを設定するプロジェクトが発足する。しかし，そのプロジェクトメンバーは日常的にはそれぞれの所属組織での職務が主たる業務であり，広い経営管理領域でバランスのとれたKPIを設定することが困難である場合が多い。たとえば，営業部門はDの確保を優先すると考えられ，製造部門はCにより高い意識を持つと考えられる。品質管理部門はQに最も高い優先度があり，たとえ出荷納期が到来していても，品質基準を満たさない製品の出荷を承認してはいけない。

　KPIの設定のためには，膨大にあると考えられるKPIの中からバランスのとれたKPI候補を抽出し，その中から，最適なKPIを設定する必要がある。そこで，従来から，KPIの設定のために，どのようなKPIが適しているか検討するための枠組みや視点を提示して，プロジェクトメンバーがKPIの抽出と設定を行うことを支援する手法が必要とされてきた。

　KPIを抽出し，設定するための支援手法（思考を支援するガイド）は，すでにいくつか存在している。本章ではまず，その中で，実務に適用されてきた3つの従来手法，

　①　4×3マトリックス

② 「5つの視点法」
③ 「うまくいっている，うまくいっていない法」
について検討し，それぞれの手法の課題について考察する。

図表4-1に，KPIの設定における3つの従来法の位置づけを示す。図表4-1の最上位階層はアウトプットとして期待される最適なKPIまたはKPIのセットである。第1階層に示すようにKPIを設定する担当者はその能力が一定ではなく，多くの場合習熟していないと考えることができる。そこで，第2階層に示すように，KPIの抽出・設定を支援する方法（思考を支援するガイド）が考案され，実務で利用されてきた。

[図表4-1] KPIの設定における従来法（思考を支援するガイド）の位置づけ

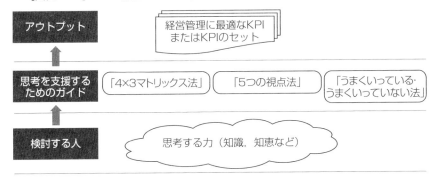

4.2.1 「4×3マトリックス法」によるKPIの設定と課題

縦軸と横軸のマトリックスを使ったKPIの抽出手法は米国において1990年当時広く活用されていた（たとえば，スティーブン・M・フォロニック，1993）。「4×3マトリックス法」は実務を通じて考案され，いくつかのプロジェクトに適用されてきた手法である[1]。「4×3マトリックス法」では，図表4-2に示

---

1 2001～2006年，株式会社アットストリームがコンサルタント業務を受託し，株式会社ミツカンにおけるKPIマネジメント実現のために考案し活用した。2004年12月8日に株式会社アットストリームが主催するセミナーにおいて，その活動が『工場スコアカードを使ったものづくり改革への挑戦—ミツカングループ・ドライ製品製造7工場における実践—』と題して，株式会社ミツカンサンミの加藤 博志氏により発表された。

すように，縦軸にBSCの4階層で4つの枠を作り，横軸にQCDの3区分を採用し，合計12象限の枠の中で最適なKPIを検討する。

　縦軸をBSCの4階層で区切っているのは，バランスト・スコアカードは経営の実践の場で適用される機会が多くあり，実際に戦略マップを使って戦略の具体化，可視化をする機会が多い。また，BSCを使って4階層で考えることによって各階層のそれぞれの相互関係を意識しながら広範囲にわたって最適なKPIの設定ができるという理由である。

　また，横軸をQCDの3区分にした理由は，製造業へ適用する場合，製造の3原則であるQCDの3区分を使って説明することにより，生産現場も含めて経営の各階層に対して理解が得やすいからである。経営管理の側面では他にP（Performance），S（Safety），M（Morale）を追加してP，Q，C，D，S，Mの6つの区分も考えられる。しかし，実際に適用してみると区分が詳細になりすぎて，枠組みのどこに入るのかを考えることに多くの検討時間が割かれ，本来の目的であるKPIの抽出に適さないことが多い。そこで，できるだけ簡素にすることも重要であると考えた。

　業務プロセス改革の課題が主に生産，購買，外注や物流など製造業における基幹業務と言われる分野であったことによって，業務プロセス改革とは直接的な関連の薄いと思われる領域の視点に関しては，必要としなかったことも理由の1つである[2]。

　図表4-2に，「4×3マトリックス」を用いて，製造部門の業績を評価するKPIを12の象限で検討したKPIを例示する。本手法は，12象限の枠組みを与えてその枠組みの中でKPIを考える手法といえる。

　図表4-2の例示では，顧客の視点の品質指標として製造品質に関する顧客満足度，返品，クレームに関する指標が該当することを例示した。顧客の視点のコスト指標としては，クレーム処理コスト，設計変更コスト，在庫が該当することを例示した。顧客の視点の時間指標としては，納期順守率やクレーム処

---

[2] 2002年，株式会社アットストリームにて「4×3マトリックス法」を考案し，2003年から2006年にわたりマツダ株式会社の全社KPIマネジメント改革プロジェクトに適用した。その詳細は株式会社アットストリームが主催するセミナーにおいて，2005年にマツダ株式会社の宮田晃氏，2006年に古賀亮氏より発表された。

理時間,出荷リードタイムが該当することを例示した。同じく財務の視点のコスト指標として,生産高と製造原価,固定費・変動費に関する指標が該当することを例示した。その他の指標を挙げるとすれば,在庫回転率や不動在庫の有り高などさまざまな指標を考えることができるだろう。課題に対応して12象限をフルに使って有効なKPIを検討する場合,このような枠組みを与えて抽出者の思考をガイドする方法は,実務の中でその効果を発揮する有効な方法といえる。

「4×3マトリックス法」により,抽出者は12象限の枠組みを使ってより深く考えることができ,より多くの最適なKPIを抽出することができる。具体的には,12象限の枠組みで,KPIを漏れなく,網羅的に考えることができる。また,12象限のうち,抽出者の知識や経験が豊富な象限ではより深く考え,最適なKPIを抽出することができる。つまり,広く,深く思考し,結果として広範囲でバランスがとれたKPIを設定することができる。

[図表4-2]「4×3マトリックス」の例
―製造部門の業績評価のためのKPIを12象限で検討―

	品　質	コスト	納期（時間）
財務の視点	在庫（死蔵品他） リサイクル率 品切れ	生産高 製造原価 固定費・変動費	生産リードタイム 生産計画期間 計画変更時間
顧客の視点	（製造品質に関して） 顧客満足度 返品 クレーム	クレーム処理コスト 設計変更コスト 在庫	納期遵守率 クレーム処理時間 出荷リードタイム
プロセスの視点	製造品質の順守 時間当たり生産性 プロセスの処理時間	原材料費 投下資本コスト オペレーションコスト	工程のサイクル時間 段取時間 緊急対応時間
学習と成長の視点	不良率 基準の順守 熟練度	人件費 教育研修 報奨	着手時間 多能工化 改善サイクル

一方,本手法の課題は,枠組みの中で検討しても,検討する人（KPI抽出者）の知識や知恵以上の最適なKPIは抽出されないということである（図表4-1参照）。たとえば,経験が浅い新人が検討する人（KPI抽出者）になる場合,12

象限の枠組みが与えられても，知識が乏しく，最適なKPIを考え出すことができないと考えられる。また，12象限の枠組み自体が固定されていて，経営管理の従来の考え方に留まっているので，より変化を求める変革のためのKPIを抽出することは難しいといえるだろう。

4.2.2 「5つの視点法」によるKPIの設定と課題

KPIを設定するにあたり，KPI間の因果関係に着目して仮説を設定し，検証しながら最適なKPIを設定する手法が実際の企業で考案され適用された。たとえば，キャプランとノートン（2001）はその著書で，事例を紹介している。

ここで取り上げる「5つの視点法」とは，「4×3マトリックス法」の課題を克服し，経験が浅いまたは極端な場合は新人の場合でも一定のKPIを抽出する場合や，変革のためのKPIを抽出したい場合でも役立つ方法として考案された[3]。

図表4-3に「5つの視点法」の概要（5つの視点，定義，例示および特徴）を整理した。「5つの視点法」では，最適なKPIを設定するにあたり，

① 計算式
② 相関関係
③ 制約条件
④ 代表値または代用特性
⑤ 変革の方向を示す

という5つの視点に絞り込んでいる。これは，実務の中で直面したさまざまな視点の中から最も重要であると考えられたものである。

本手法は「4×3マトリックス法」のように枠組みを提供するものではなく，考える視点を提供するものであり，網羅性があるとはいえない。

実際にやってみると，対象業務についてよく理解している抽出者の場合にのみ，現実に即した最適なKPIを抽出することができる。また，「女性の管理職比率」などの変化の方向を示すKPIは，「4×3マトリックス法」では抽出し

---

[3] 2006年，株式会社アットストリームがコンサルタント業務を受託し，日立製作所株式会社のシステム企画部におけるKPIマネジメント実現のために考案し，活用した。

[図表4-3]「5つの視点法」の概要
―5つの視点，定義，例示および特徴―

名称	定義	例示	特徴
1. 計算式	指標を計算式で分解または統合して，構成要素をKPIとして検討する	重要な指標として，売り上げと粗利益を検討する場合に，①売上＝単価×数量 ②粗利益＝（単価－原価）×数量 であるから，KPIとして，売上，（平均）売上単価，売上高原価率，売上数量，売上高粗利率を検討対象とする	財務諸表上の数値や生産に関する指標はその多くが具体的な計算式によって定義されるため，検討の対象となった指標を計算式で表現することによって，具体的なKPIを抽出することができる
2. 相関関係	指標間の相関関係を表現することによって，相反する指標をセットとして抽出し検討する	営業活動において新規先開拓件数の増大は①新規訪問件数の増大と②提案活動の質の向上の2つの活動との間には一般的に負の相関があると思われる。相関関係を検討することによって具体的なKPIを抽出することが出来る	経営活動においては，何か良い事をすれば何かほかの問題が発生する事が多い。そのコンフリクトの積み重ねが経営活動であるともいえる。活動の相関関係を具体化し指標として設定することは現実的な経営活動の実行において有益であるといえる
3. 制約条件	目的を達成するにあたって，いくつかの制約条件を抽出し，その制約条件からKPIを検討する	プロセス全体の生産量を増やすに当たり，最も生産能力の低い工程の改善目標をKPIに設定することによって，プロセス全体の生産力を上げることが出来る	制約条件には内部，資源制約，市場制約，方針制約などさまざまな制約があり，これらを対象としてKPIを設定することは目標達成に論理的に合致していると思われる
4. 代表値または代用特性	全体の体系を表現し評価する時に，いくつかの代表値を代用特性として抽出し検討する	生産工程には，全体のプロセスの良さ悪さを表す数少ないコントロールポイントがある。例えば半導体の製造工程で露光機の稼働率をKPIとしてプロセス全体の稼働状況を把握するKPIとするなどである	20：80の原則で表現されるように，全体を管理するにあたり，いくつかの代表的な製品や工程，営業では主要な顧客や営業所のみに焦点を当てて代表値として管理することは管理の手間と効果を天秤にかけて有益と考える
5. 変革の方向を示す	変革を実現しようとする場合に，その変革の方向をインパクトのある数少ない指標を抽出して検討する	女性の活用という変革の方向性が示されたときに，「女性の管理職比率を現在の10％から5年後に30％にする」ことは，その実現にあたり多くの障害を乗り越える必要があるインパクトのある指標になる	変革はややもすると言葉による抽象的は表現で留まることが多い。変革の方向を示す代表的で特徴的な指標を検討することでより具体的なKPIを抽出することができる

にくいが，本手法の「5．変革の方向を示す」視点で検討すると，多くのアイディアが飛び交い，その中から最適なKPIを抽出できる。

本手法の課題としては，経験の浅い抽出者にとってはKPI設定の拠りどころが曖昧になり，また，検討の枠組みがないことによって，抽出者の能力の範囲に検討対象が限られ，広範囲にバランスのとれたKPIを検討しにくい点があげられる。

4.2.3 「うまくいっている，うまくいっていない法」によるKPIの設定と課題

対象業務の状態があるべき姿から乖離していて，その乖離は問題であると捉えた上で，課題を解決することによって現在よりも良好な状態になっていくことを目指す活動が業務改善であるといえる（たとえば，栗谷，2012）。

2006年当時，株式会社アットストリームでは，数々の実務を通して，対象業務について「良好な状態とはどのような状態であるか」，「その状態はどのような指標で測定できるか」という問いかけを繰り返した。その問いかけを通じて，良好な状態としてのあるべき姿とそれを測定するKPIが抽出できた。

また，逆に，対象業務について「問題のある状態とはどのような状態か」，「それはどのような指標で測定できるか」という問いかけを繰り返して，多くのKPI候補を抽出することができた。良好な状態だけでなく，問題のある状態について検討することで，より広範囲にKPIを検討でき，抜け漏れがなくなる。

この双方向からの問いかけの結果，抽出されたKPI候補の中から最適なKPIを設定することができた。この方法を，株式会社アットストリームでは，「うまくいっている，うまくいっていない法」と呼んでいる。

図表4-4は実際に実務で生産管理活動を対象に行った例である。図表4-4の「多くの指標」列は双方向からの問いかけの結果抽出されたKPI候補であり，これをすべてKPIとして採用するには，数が多すぎることになる。そこで，この「多くの指標」の中から指標間の因果関係を考えながら，最適なKPIを設定する。設定したKPIの値が悪化した場合に，KPIが悪化した原因を「多くの指標」の中から因果関係のある指標について検討を加えることにより，改善対象が明確になり継続的業務改善に役立つ。

本手法は，対象業務の良好な状態，問題のある状態を明確に定義することか

ら始めるという業務改善の第1ステップである現状分析と密接に関係している手法である。したがって，検討する人（KPI抽出者）（図表4-1参照）として，対象業務に精通した最適な人物を選ぶことによって，対象業務の理解が深まると同時に，実態に即したKPI候補を抽出することができ，最適なKPIを設定することが可能になる。

本手法の課題は，「4×3マトリックス法」，「5つの視点法」と同じく，検討する人（KPI抽出者）の能力・経験の範囲内でしかKPIを引き出せないということであり，検討する人の知識や経験，知恵，能力に依存すると考えられる。

しかし，能力のある質問者（熟練コンサルタント）の下で，「KPIを検討する人」に的確な質問を行えば，業務とKPIの関係や事業の構造が明確になり，最適なKPIを抽出することができる可能性が高い。

実務では，対象業務や課題領域に精通したコンサルタントが高いコミュニケーション力を発揮し，対象者（KPIを検討する人）にも的確なメンバーをそ

[図表4-4]「うまくいっている，うまくいっていない法」の例
—生産管理活動によるKPI設定の例—

うまくいっている状態	うまくいっていない状態	多くの指標	最適なKPI
・生産計画どおりに生産が行われている ・イレギュラーな残業がない ・製品別の在庫が決められた適正水準内である ・工場内の部品在庫が適正水準内である ・仕入れ部品の不良がゼロである ・製造費が予定どおり10%低減している ・生産管理部門の残業がゼロ ・納入部品の品質不良がない ・製造品質不良が無い ・不良率が低い	・生産遅れが生じている ・生産ライン上で不具合が発生しラインが止まる ・月次の生産バランスが崩れ，残業，手待ちが生じている ・製品別の在庫が適正水準を越えている ・部品倉庫に設計変更による不動在庫が溜まっている ・仕入れ部品不良によってラインが止まる ・製造費が高止まりしたままで，原価低減が進まない ・納期対応，生産計画変更で管理部門の残業が多い ・品質不良が多発している ・品質不良の高級処理に時間がかかる	・生産計画遵守率 ・ライン稼働率 ・ライントラブル停止率 ・時間外操業度 ・時間外手当 ・生産台数／時間 ・組立て工数／台当り ・車種別在庫日数 ・不動在庫率 ・製造費／台当り ・原価低減率 ・管理部門残業時間／人 ・品質不良金額 ・納入不良率 ・製造不良率 ・恒久処理日数	・生産計画遵守率 ・製造費／台当り ・品質不良金額

ろえる（たとえば，図表4-4の事例にあげた生産管理領域であれば，関連する業務として営業管理や製造領域のメンバーを複数人選ぶ）ことで，個人の能力や知識経験を超えて広範囲に深くKPI候補を抽出することができ，最適なKPIを設定することが可能になる[4]。

4.3 「KPIプール」の開発によるKPI抽出を支援する方法の検討

　3.2で述べた3つの従来法においては，最適なKPIを抽出しようとする目的に対して，抽出者に思考の枠組みを与えることによってKPI候補の抽出をより容易にしようとするものである。しかし，抽出者の知識や知恵を超えるような最適なKPIを抽出することはできない。

　そこで，抽出者により広い知識を提供し，思考や発想の幅を広げ，より深く考えることを支援する仕組みがあれば，従来法の限界を克服することができると考えた。これに対して，本章では，まず，膨大にあると考えられるKPIをさまざまな資料から収集し，1,697のKPIを整理した「KPIプール」を考案した。さらに，KPIの抽出作業にその「KPIプール」活用する新手法を考案し，実務に適用した。

　以下に，この「KPIプール」の実際および「KPIプール」によるKPI抽出支援方法について述べる。

4.3.1 「KPIプール」によるKPI抽出支援の考え方

　在庫に関するKPIを抽出しようとした場合，財務や経理に精通した抽出者は，在庫保有高や在庫回転率などをKPI候補として抽出するだろう。一方，営業管理や生産管理を経験した抽出者は，品切れ率や顧客からの問い合わせに対する在庫照会時間など顧客視点でのKPIを抽出するであろう。また，製造管理など

---

[4] 2003〜2005年，株式会社アットストリームがコンサルタント業務を受託し，谷村電機精機株式会社の原価管理ならびに生産性向上プロジェクトにおけるKPI設定のために考案し，活用した。

生産プロセス関連の業務を経験した抽出者は在庫削減率や長期滞留在庫などの視点からKPI候補を抽出するだろう。

実際、企業において有期で業務プロセス改革を企画立案し推進するプロジェクトでは、第2章で述べたように、限りのある人材の中から通常次のようにプロジェクトメンバーが編成されると考えられる。すなわち、プロジェクトメンバーではコアになる人材は数名、多くても10名程度でほぼ全員が日常業務との兼務者であり、プロジェクト活動に多くの時間はさけない。また、プロジェクトメンバーはそれぞれ何らかの組織に所属しており、その組織が行っている業務については精通していても、他部門の業務についての知識は充分ではない。

したがって、実際の業務プロセス改革プロジェクトでは、抽出者の知識や知恵を超える最適なKPIを抽出することに限界がある従来法だけでは不十分であり、十分なKPI候補を抽出し、最適なKPIを設定するには新たな発想の手法が求められている。

抽出者がKPIを抽出するにあたり、多岐にわたるKPIの中から関係すると考えられるKPI候補を検索することができれば、その候補を参照することによって広範囲にKPI候補を抽出することができると考えられる。その抽出されたKPI候補を参照して、その上で従来法を活用することによって、より広範囲に最適なKPIを設定することが可能になる[5]。

図表4-5に、従来法と「KPIプール」による手法（本論文で考案した手法）の関係を模式図に示す。

在庫削減をテーマとするプロジェクトが財務や経理および製造関係者で編成されている場合でも、「KPIプール」を使って品切れ率や顧客からの問い合わせに対する在庫照会時間など顧客視点でのKPIを候補として提供することができれば、プロジェクトメンバーは在庫を削減する取り組みと同時に、在庫は顧客満足のためのKPIでもあることを理解して、より少ない在庫で納期順守率を向上させる活動が必要であることを認識することができる。

---

5 「KPIプール」は株式会社アットストリームにおいて2002年にKPIの収集を開始し、その後株式会社ミツカン、マツダ株式会社、日立ディスプレイズ株式会社（現：ジャパンディスプレイ株式会社）、谷村電機精機株式会社の業務プロセス改革プロジェクトで従来法と合わせてKPIの抽出と設定に活用された。

[図表4-5]「KPIプール」の位置づけ

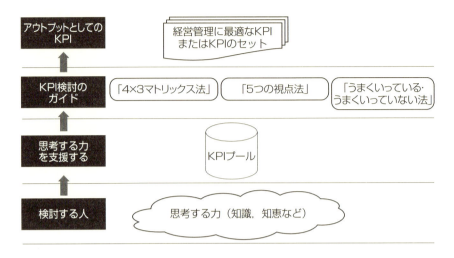

「KPIプール」はKPI抽出者の知識や知恵を補助して,より広範囲に,より深く検討するためのツールであるので,「KPIプール」は以下の要件を備える必要があると考えた。すなわち,

① 実際に経営の場面で使われている膨大にあると考えられるKPIを調査し収集する
② 収集したKPIから必要に応じてKPI候補を抽出して提供することができる
③ 提供するにあたっては,より広範囲により深く検討できるように,従来法の良さである思考の枠組みを提供するための関連情報を同時に提供する

という3つの要件である。

次に,このような考えを実現した「KPIプール」の整理方法について述べる。

4.3.2 「KPIプール」の整理方法

「KPIプール」の作成に際し,実際に顧客のプロジェクトで作成された資料からKPIを抽出し,さらに経営に関する雑誌を含む文献,インターネット上の資料などからKPIと考えられるものを抽出するという方法をとった。

それらを，図表4-6に示すレイアウトで整理した。

図表4-6①の4列のカラムはバランスト・スコアカードの4階層を示しており，夫々のKPIが4階層のどれに相当するかを示している。重複して適用されると考えられるものは重複してチェックマーク（○印）を入れている。KPIを設定するにあたって，経営管理活動を定義可能な区分で表現するにあたり，バランスト・スコアカードの4階層モデルは，実務的になじみがあり，理解しやすい区分であると考えた。

図表4-6②のカテゴリーはそれぞれのKPIを売上の増大などいくつかのカテゴリーで区分できるようにしている。売上の増大の他に，株主価値向上，コストダウン，顧客の維持，顧客満足度，IT，安全，環境，研究，人材などそれぞれのKPIにふさわしいと考えられるカテゴリーをコンサルティングの実務経験から関係づけた。主旨は，これによってさらにKPIの意味するところが具体的にイメージできるようにするためである。

[図表4-6]「KPIプール」のレイアウト

①				②	③	④	⑤	⑥
財務	顧客	業務	学習	カテゴリー	指標No.	指標名	指標の概要（定義）	補足説明
○	○	○		1．売上の増大	a01001	全収益に占めるインターネット経由の収益の割合		ネット経由での販売高を増やすことで販売諸経費を抑えるとともに，顧客情報の収集に役立てる
○	○			1．売上の増大	a01002	得意先別売上げ順位	得意先別売上状況	
○	○			1．売上の増大	a01003	対業界比の販売量増加率		

⑦	⑧	⑨
指標計算式	戦略	戦術例
	売上拡大（成長）戦略(A01)，コスト低減戦略(A02)，商品価値向上戦略(B01)，付随サービス価値向上戦略(B02)，対応/サポート力向上戦略(B03)，囲い込み戦略(B04)，商品企画・開発・設計(C02)，営業・販売(C05)	(A01)顧客情報の収集。(A02)販売コストの削減。(B01)顧客の利便性向上。(B02)インターネット経由による販売機会の増加。(B03)インターネット経由による販売機会の増加。(B04)顧客の利便性向上，顧客情報の収集。(C02)顧客の利便性向上。(C05)インターネット経由による販売機会の増加，販売コストの削減，顧客情報の収集
	売上拡大（成長）戦略(A01)，囲い込み戦略(B04)，営業・販売(C05)	(A01)売上高の増大，顧客内シェアの拡大。(B04)顧客内シェアの拡大。(C05)顧客内シェアの拡大

図表4-6③指標NO.はそれぞれのKPIをユニークに区分するために割り当てられたものであり，NO.自体に意味づけはない。「KPIプール」はExcelを使って作成されており，KPI候補の抽出にはExcelの検索機能を使うなどの活用方法を考えて1つの指標にユニークな番号を付与した。

図表4-6④指標名はKPIの名称である。実際にいろいろな媒体から指標を抽出すると，同じような指標でも異なる名称のものがある。それぞれの企業では特有の言葉を使っている場合があるが，できるだけ整理して記載した。

図表4-6⑤指標の概要（定義）はその指標を説明するための情報であり，定義が必要と考えられるもののみを記載している。「KPIプール」を活用する人はさまざまであることを想定すると，すべてのKPIに記載が必要であろうが，手間を考えて実務上最小限と考えられるもののみを対象にした。

図表4-6⑥補足説明は指標の使い方など定義以外の説明情報を，補足説明が必要と考えられるもののみ記載している。図表4-6⑤と同様に，KPIの抽出者の抽出支援になると考えられる情報を記載している。

図表4-6⑦指標計算式はKPIの計算式を，計算式が必要と考えられるもののみ記載している。これもKPIに関連する定義情報であり，本来はすべてのKPIに記載が必要であろうが，手間を考えて実務上最小限と考えられるもののみを対象にした。

図表4-6⑧戦略はKPIがどのような戦略区分に該当するかという視点から，重複を認めて複数記載しており，すべてのKPIに何らかの戦略を記載している。KPIは戦略の良し悪しを評価したり，具体的に進むべき方向性を指標で示したものであり，本取り組みでは必須であり，帰納法により21の戦略にまとめた。

図表4-6⑨戦術はKPIがどのような戦術区分に該当するかという視点から，該当する戦術を重複記載しており，すべてのKPIに何らかの戦術をひもづけている。戦術は帰納法により整備し，738の戦術にまとめた。

すべてのKPIプールに⑧戦略ならびに⑨戦術をひもづけたことにより，戦略と戦術がKPIを介して関連付けられている。戦略はいくつかの戦術で構成され，その戦術の遂行プロセスの状態や成果のレベルはKPIによって数字で測定されることが可能になった。

4.3.3 「KPIプール」の実際

前述のように「KPIプール」はExcelのワークシートにまとめられており，財務・顧客・プロセス・学習のBSCの4階層に分けてインデックスタブをつくり，それぞれ次の数のKPIを収集整理し，KPI数は合計で1,697となった。

「財務」では，478のKPIが収納されており，カテゴリーは，売上の増大，株主価値向上，顧客内シェアの向上，コストダウン，財務安定性，収益の増大，保有資産の最大活用，保有資産の有効活用，利益の増大の9項目を各KPIに1：1の関係で付与した。

「顧客」では，225のKPIが収納されており，カテゴリーは，売上の増大，業務戦略，顧客関係，顧客情報の獲得，顧客の維持，顧客の獲得，顧客満足度，製品リーダーシップ，品質の向上の9項目を各KPIに1：1の関係で付与した。

「プロセス」では，719のKPIが収納されており，カテゴリーは，IT，開発，業務，コスト，コストダウン，設備の6項目を各KPIに1：1の関係で付与した。

「学習（と成長）」では，257のKPIが収納されており，カテゴリーは，研究・人材・戦略的技術・戦略的情報整備・活用・組織風土の6項目を各KPIに1：1の関係で付与した。

4.3.4 Excelの検索機能を使ったKPI候補の抽出例

図表4-7は「KPIプール」をExcelの機能を使って，"在庫"で文字検索を実施した結果の一部である。

KPIの抽出者はこのように抽出されたKPI候補（図表4-7における「指標名」）から目的に応じて最適なKPIを選定する。その時に最適なKPIがこの中に常にあるとは断言できない。「KPIプール」に蓄積したKPI数は現時点で1,697であり，すべてを網羅しているとは言えないからである。「KPIプール」はKPI抽出にあたって抽出者の思考を支援するものであり，それぞれバランスト・スコアカードの4階層のいずれに属するか，業務プロセス改革の領域はどこか，戦略・戦術例を参考にしながらKPI候補を抽出し，最適なKPIを設定する。

[図表4-7] 文字検索（"在庫"）の抽出結果：一部

財務	顧客	業務	学習	カテゴリー	指標No.	指標名	指標の概要（定義）	補足説明	指標計算式	戦略・戦術例
○				2．株価値向上	a02007	OCF	Operating Cash Flow	運転資金の減少はOCFの増加となるため、キャッシュフロー経営というと最初に棚卸資産の削減と売掛債権の回転率の向上といわれる	EBITDA－税金－棚卸資産の在庫の増加・売掛債権の増加・買掛債務の増加などによる運転資金の増加	(D09) 株主価値向上
○				7．保有資産の最大活用	a07014	棚卸資産回転期間	在庫が一定期間における売上原価として投下	回収の回転を何回繰り返すかを表す	年間売上原価高÷{(前期末棚卸資産残高＋当期末棚卸資産残高)÷2}	(A02) 資産効率の向上。(C08) 資産効率の向上
	○	○		9．業務戦略	b09005	在庫切れ率	顧客の要求する製品が在庫切れである割合	販売機会を失う可能性		(A01) 顧客満足度の向上。(B01) 顧客満足度の向上。(B02) 顧客満足度の向上。(B03) 顧客満足度の向上。(C04) 在庫水準の適正な管理。(C05) 在庫水準の適正な管理、顧客満足度の向上。(C07) 在庫水準の適正な管理。(D07) 在庫水準の適正な管理
	○	○		9．業務戦略	b09006	補給部品の手配に要する時間	製品が故障して修理する場合、補給部品が顧客の手元に届くまでに要した時間			(B02) 顧客サービスの向上。(B03) 修理の迅速な実施、顧客サービスの向上。(C04) 在庫情報のリアルタイムな把握。(C05) 顧客サービスの向上、在庫情報のリアルタイムな把握。(C07) 在庫情報のリアルタイムな把握。(C08) 修理の迅速な実施。(D06) 在庫情報のリアルタイムな把握。(D07) 在庫情報のリアルタイムな把握

4.3.5 Excelのフィルタ機能を使ったKPI候補の抽出例

　図表4-8は「KPIプール」をExcelのフィルタ機能を使って，バランスト・スコアカードの財務の視点で，カテゴリーはコストダウン，戦略はコスト低減戦略および調達・製造，戦術は外注費の適正化，工場経費の削減でフィルタリングした結果である。

　KPIの抽出者はこのように「KPIプール」に設定されたカラム毎にフィルタ機能を使ってKPI候補を抽出することができる。抽出されたKPI候補から目的に応じて最適なKPIを選定する。文字検索の場合と同様に，最適なKPIがこの中に常にあるとは断言できない。「KPIプール」に蓄積したKPI数は現時点で

[図表4-8] Excelのフィルタ機能を使ったKPI候補の抽出例:一部

財務	顧客	業務	学習	カテゴリー	指標No.	指標名	指標の概要(定義)	補足説明	指標計算式	戦略・戦術例
○		○		4.コストダウン	a04052	在庫維持費				(A02) 在庫コストの削減, 在庫回転率の向上, 在庫の削減。(C04) 在庫コストの削減, 在庫回転率の向上, 在庫の削減。(C06) 在庫回転率の向上, 在庫の削減。(C07) 在庫コストの削減, 在庫回転率の向上, 在庫の削減
○		○		4.コストダウン	a04053	在庫回転日数				(A02) 在庫コストの削減, 在庫回転率の向上, 在庫の削減。(C04) 在庫コストの削減, 在庫回転率の向上, 在庫の削減。(C06) 在庫回転率の向上, 在庫の削減。(C07) 在庫コストの削減, 在庫回転率の向上, 在庫の削減
○		○		4.コストダウン	a04054	在庫回転率				(A02) 在庫コストの削減, 在庫回転率の向上, 在庫の削減。(C04) 在庫コストの削減, 在庫回転率の向上, 在庫の削減。(C06) 在庫回転率の向上, 在庫の削減。(C07) 在庫コストの削減, 在庫回転率の向上, 在庫の削減
○		○		4.コストダウン	a04055	在庫コスト削減率				(A02) 在庫コストの削減, 在庫回転率の向上, 在庫の削減。(C04) 在庫コストの削減, 在庫回転率の向上, 在庫の削減。(C06) 在庫回転率の向上, 在庫の削減。(C07) 在庫コストの削減, 在庫回転率の向上, 在庫の削減
○		○		4.コストダウン	a04057	在庫保有高				(A02) 在庫コストの削減, 在庫回転率の向上, 在庫の削減。(C04) 在庫コストの削減, 在庫回転率の向上, 在庫の削減, 在庫水準の適正化。(C05) 在庫水準の適正化。(C06) 在庫回転率の向上, 在庫の削減。(C07) 在庫コストの削減, 在庫回転率の向上, 在庫の削減, 在庫水準の適正化。(D07) 在庫水準の適正化
○		○		4.コストダウン	a04123	棚卸資産廃却損				(A02) 在庫の削減。(C04) 在庫の削減。(C06) 在庫の削減。(C07) 在庫の削減
○		○		4.コストダウン	a04124	棚卸資産評価損				(A02) 在庫の削減。(C04) 在庫の削減。(C06) 在庫の削減。(C07) 在庫の削減
○		○		4.コストダウン	a04125	棚卸資産管理費用				(A02) 在庫の削減。(C04) 在庫の削減。(C06) 在庫の削減。(C07) 在庫の削減

1,697であり,すべてを網羅しているとは言えないからである。フィルタ機能を使った検索方法は,KPIの抽出者がKPI候補の抽出にあたり,たとえば「財務面で,在庫削減によって,コストダウンを図りたい」というストーリーを持ってKPI候補を抽出しようとするときに有益であった。

4.4 まとめ

　業務プロセス改革には，業務全体を可視化するための理論と手法が必要になるが，とくに，如何に現状の業務を効率的に把握できるか，また，業務の成果をどのように測定できるかが重要である．そのために，KPIは有効なツールである．

　本章では，経営計画の策定（Plan），経営活動の実行（Do），実行結果のチェック（Check）ならびに改善サイクルの実施（Action）という経営管理活動において，活動が計画どおりに行われているか，またその結果が計画どおりに達成されているかをKPIで測定するKPIマネジメントについて考察した．つまり，KPIを管理するのではなく，KPIによって経営管理活動を遂行することをKPIマネジメントとして捉えている．

　そこで，KPIをどのように設定するのかについて，まず，KPIの設定に関する従来法について考察し，実務に適用した場合の有効性について整理した．従来法においては，最適なKPIを抽出しようとする目的に対して，抽出者に思考の枠組みを与えることによってKPI候補の抽出をより容易にしようとするものである．しかし，抽出者の知識や知恵を超えるような最適なKPIを抽出することはできない．

　そこで，抽出者により広い知識を提供し，思考や発想の幅を広げ，より深く考えることを支援する仕組みがあれば，従来法の限界を克服することができると考え，多くの業務プロセス改革事例から1,697のKPIを収集整理し，必要なKPIの設定を支援するツールである「KPIプール」を考案した．

第5章 「KPIプール」による業務プロセス改革の事例

5.1 本章の概要

本章では，3つの事例を紹介する。

1つは，岩手県北上市に本社ならびに製造拠点を置き，医療分析機器，情報端末，通信端末などを開発・生産・販売する受注型OEMメーカーである谷村電気精機株式会社において，業務改革に「KPIプール」を活用して，工場稼働率を向上させた事例である。

2つ目の事例は，広島に本社があるマツダ株式会社の事例である。同社は国内外で自動車の開発・生産・販売・メンテナンスを行っている日本を代表する企業の1つである。グローバルでの業績管理とKPIマネジメント改革に「KPIプール」を活用してプロジェクトを推進した事例であり，同社が株式会社アットストリームのセミナーにおいて講演した内容をしめすとともに，そのプロジェクトの概要と管理会計の側面については，森本と小池（2007）がその著書で紹介している。

3つ目の事例は，日立ディスプレイズ株式会社（現：株式会社ジャパンディスプレイ）におけるSCMプロジェクトに「KPIプール」を活用した事例である。同社は日立製作所の液晶事業を担い，その開発・製造・販売会社として当時成長事業である小型液晶からテレビ用の大型液晶まで幅広く手掛けるグローバルプレーヤーである。中小型液晶ビジネスの中心的な製品である携帯電話向けの液晶ユニットの開発・生産・物流における戦略マップを作成し，「KPIプール」

を活用して，有効なKPIを設定して経営管理に役立てた事例である。

5.2 中堅製造業の社内板金工場における「KPIプール」の活用事例

　岩手県北上市に本社ならびに製造拠点を置き，医療分析機器，情報端末，通信端末などを開発・生産・販売する受注型OEMメーカーである谷村電気精機株式会社における事例を以下に示す。工場は部品の加工工場と板金加工を行う第2工場および製品の組み立てや検査を行う本社工場があり，それぞれ管理会計により工場損益を月次で計算し管理している。

　本事例は，2003～2005年，株式会社アットストリームがコンサルタント業務を受託し，原価管理ならびに生産性向上を目指して実施した全社業務プロセス改革プロジェクトの一部である「筐体を製造する板金加工工場（第2工場）」の例である。第2工場では，図表5-1に模式的に示すように薄板をNCタレットパンチプレスで打ち抜き，それを曲げ加工する。いくつもの部品をそろえて溶接組立し最終仕上げ工程を経て完成した筐体となる。

　第2工場には，当時NCタレットパンチプレスが3台あった。製造現場の管理者は，日ごろからNCタレットパンチプレスの設備稼働率が高い月は月次の損益がプラスになり，逆にNCタレットパンチプレスの設備稼働率が低い時は

[図表5-1] 板金加工工場（第2工場）における生産工程の模式図

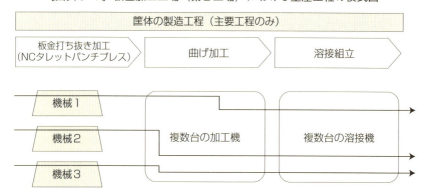

月次の損益がマイナスになることを知っていた。何故，NCタレットパンチプレスの設備稼働率と月次の工場損益が関係しているのか，筆者らが生産現場でヒアリングを行った結果，曲げ工程や溶接工程などNCタレットパンチプレスの後工程に流れる部品の約70％は，自社の3台のNCタレットパンチプレスで加工されていることが分かった。残りの30％は外注先等から直接，曲げ加工や溶接組立工程に流れる。

そこで，「5つの視点法」の代表値として，NCタレットパンチプレスの設備稼働率を月次損益の代用特性として使えないか検討することになった。NCタレットパンチプレスはNC加工のプログラムを作成するとによってそれぞれの部品加工が行われる。NC加工のプログラム作成は加工予定に基づいて遅くとも前日までに行われる。さらにプログラムによって加工が行われるために，プログラム作成時には加工時間が決まるので，製造前に設備稼働時間を知ることができる。月末には翌月の生産予定がほぼ決定しており，月中のイレギュラーな飛び込み生産品の加工を除けば，翌週の生産計画はほぼ確定している。

そこで，同社では3台のNCタレットパンチプレスの設備稼働率と月次損益の関係について調べることとした。その結果，3台のNCタレットパンチプレスの平均稼働率が65％程度で損益分岐点売上高になることが分かった。このことは月次決算を待たずに3台のNCタレットパンチプレスの計画稼働率を把握することで，事前に月次の業績がほぼつかめるということになる。さらに翌週の稼働はほぼ決定であることから週次の業績が前週にほぼつかめるということになる。

したがって，3台のNCタレットパンチプレスの設備稼働率は工場稼働率の代表値であり，月次損益を見るための代用特性といえる。さらにその代用特性は業績の先行指標であり，経営管理上重要な指標と考えることができる。さらに「KPIプール」を参照して，稼働率に関するKPIを検討することにした。図表5-2は"稼働率"で文字検索した結果の一部を抜粋して示したものである。

保有資産の最大活用のためには，部品の内製化率を上げて，設備稼働率を向上させる必要があるが，すでにNCタレットパンチプレスでできる部品の内製化は行われていた。そこで同社は，自社部品の内製化にとどまらず，他社の部

[図表5-2] 文字検索によるKPI候補の抽出と検討例
―「KPIプール」による"稼働率"の文字検索結果の抜粋―

財務	顧客	業務	学習	カテゴリー	指標No.	指標名	指標の概要(定義)	補足説明	指標計算式
○				7．保有資産の最大活用	a07017	設備稼働率			
○				7．保有資産の最大活用	a07029	工場稼働率			
			○	17．IT	c17011	システムエンジニア等の稼動工数・稼働率		システムエンジニア等の人件費は固定費	
		○	○	22．業務	c22169	設備稼働率			①生産実績数量÷生産能力数量or ②稼働時間÷総操業時間
		○	○	22．業務	c22173	部品の内製化率		稼働率が低いにもかかわらずこの数値が低い場合は，外注の削減を検討する必要がある 逆に稼働率が高い場合にもかかわらずこの数値が高い場合には，外注を増加して生産数量の増加を検討する必要がある	内製した部品の生産実績数÷内製可能部品の生産実績数
		○	○	22．業務	c22175	ボトルネック工程における設備稼働率		ボトルネック工程では原則として稼働率は高水準になるはずである それが，故障トラブル等により稼働率が低くなっていないかどうかチェックする必要がある	①ボトルネック工程における生産実績数量÷生産能力数量or ②ボトルネック工程における稼働時間÷総操業時間

品の加工を引き受けることによって設備稼働率を上げることにした。翌月のまたは翌週の3台のNCタレットパンチプレスの設備稼働率が低いと計画されている時には，工場の立地する工業団地にある他の工場にNCタレットパンチプレスでの生産外注を受けるべく営業活動を始めた。この取り組みによって，3年後には第2工場の売上の約30％は外注加工による収入になるまでに成長した。

5.3 自動車製造会社における「KPIプール」の活用事例

　広島に本社があるマツダ株式会社は国内外で自動車の開発・生産・販売・メンテナンスを行っている日本を代表する企業の１つである。本事例は，2003～2006年，株式会社アットストリームがコンサルタント業務を受託したグローバルでの業績管理とKPIマネジメント改革で実施されたものであり，そのプロジェクトの概要と管理会計の側面については，森本と小池（2007）がその著書で紹介している。

　2006年，マツダ株式会社の古賀亮氏はMPI（Management Process Innovation）プロジェクトと命名して業務プロセス改革プロジェクトを推進した。そのMPIプロジェクトにおけるKPIに関して以下の２点を述べている[1]。

① マツダのKPIに関して

　KPIは，重要な成果，プロセス・活動状況を測定する指標の総称を指す。マツダでは，KPIマネジメントという呼称で，BSCを導入することとした。したがって，マツダにとってBSCとは「MAZDAのKPIマネジメント」である。

　戦略の可視化ツールとして戦略マップを作成し，戦略マップの主要項目にKPIを関連づけた場合，戦略マップはKPIマップにもなり得る。すなわち，戦略マップはコミュニケーションツールとして，主要なKPI（約80指標）をバランスト・スコアカードの枠組みで整理し，会社の目指す方向と企業活動の全体像が概観できるようにしたものである。

　また，実行管理のツールとして「スコアカード」と命名してKPIを階層化して表示し，組織の責任者にひもづけたKPIツリーを作成した。「スコアカード」ではKPI（約280指標）をKPIマップと同じ体系に整理し，指標毎の目標値・実績値等を表示した。

---

[1] 2006年，株式会社アットストリーム主催のプロセスイノベーションセミナーにおける基調講演２『マツダ㈱における連結収益管理プロセス革新』において配布された講演資料を参考にし，「マツダのKPIとは」，「目指す姿の実現に向けて」より抜粋した。

② 目指す姿の実現に関して

　2007年からの本格運用では，KPIマネジメントは，「報告のためのKPI」から「使うKPI」へと活用の変革を目指し，具体的には「月次や四半期のPDCA」から「タイムリーなPDCA」が可能になる運用に改善する。

　そのために，使えるKPIを設定しタイムリーなアクションにつながる運用の仕掛けを作り，KPIを使うようマネジメントの環境を整える。

　プロジェクトの最終的な目指す姿として，長期戦略実現のために，業務計画を中心に据えたPDCAを回す。KPIは業務計画の重要な要素の1つであり，KPIマネジメントの目指す姿は「マネジメントと社員の全員が，KPI情報を活用して，タイムリーなアクションをとっている状態」である。

　株式会社アットストリームは，このプロジェクト開始時点から「4×3マトリックス法」，「5つの視点法」ならびに「KPIプール」を提供し，プロジェクトメンバーと共に最適なKPIの抽出と選定について検討を進めた。

　このプロジェクトでは「KPIマネジメント」においてBSCを導入することを決定したため，BSCの4階層モデルを縦軸にした「4×3マトリックス法」を基本にしてKPIの設定を進めたが，一方では「5つの視点法」を参照して変革の方向性を示す指標を抽出した。

　また，プロジェクトでは「当たり前指標」と「中期経営計画の変革指標」の2つに分けて検討を進めた。「当たり前指標」は売上や利益のように特に変革がなくても必要な指標であり，「中期経営計画の変革指標」は中期経営計画で示された変革の方向性を管理するための指標（たとえば，ブランドイメージに関する指標など）である。また，「KPIプール」はKPI候補の抽出や選定のすべての過程において活用された。

5.4. 液晶製造業における「KPIプール」の活用事例

　日立ディスプレイズ株式会社（現：株式会社ジャパンディスプレイ）は日立製作所の液晶事業を担い，その開発・製造・販売会社として特に当時成長事業

である小型液晶からテレビ用の大型液晶まで幅広く手掛けるグローバルプレーヤーである[2]。

生産プロセスの前工程である液晶製造は千葉県茂原市，後工程の組み立ては中国2工場および台湾で生産していた。当時，韓国・台湾企業とのグローバルな競争の中，サプライチェーンが国内のみでなく海外に延びており，経営における製造・販売・在庫情報の一体化は緊急の経営課題であった。

2004年，株式会社日立ディスプレイズでは，パフォーマンス・マネジメント改革が行われた。その取り組みは，経営と現場の間の経営情報をKPIで繋ぎ，PDCAを経営レベルから現場レベルまで一体で回す活動であった。

以下は2004年から2007年の間，株式会社日立ディスプレイズのパフォーマンス・マネジメント改革において株式会社アットストリームがコンサルタント業務を受託し推進したKPIマネジメント改革事例である。

(1) 戦略マップの作成とKPIの設定

中小型液晶ビジネスの中心的な製品は携帯電話向けの液晶ユニットである。そのビジネスの特徴は，開発・生産・供給のビジネスサイクルを短期間でまわすことである。そのための最適なKPIを設定するにあたり，従来法により縦軸をバランスト・スコアカードの4階層にし，横軸を営業，開発，製造，供給というサプライチェーン軸で検討を進めた。この時点では，データの入手可能性を考えず現場レベルから経営レベルまで，そしてサプライチェーンの全プロセスにおいて，必要と考えられるKPIを抽出した。KPIの抽出においては主に以下の方法がとられた[3]。

① 実際に社内の定例報告書や特定のテーマにおけるレポート等で報告されているKPIを抽出する作業を行った。

---

[2] 2013年4月1日にソニー・東芝・日立製作所の液晶事業子会社3社が合併し，スマートフォンやタブレット端末向けの中小型ディスプレイ事業を経営統合する株式会社ジャパンディスプレイとなった。

[3] 2004年，株式会社アットストリーム主催のプロセスイノベーションセミナーにおける基調講演『日立の液晶事業におけるパフォーマンス・マネジメントの導入』（矢野知隆）において投影された講演資料より抜粋した。

② その抽出されたKPIの前後の関連するKPIを討議によって抽出した。たとえば、在庫の有り高を管理するにあたっては前後の情報として生産計画や生産実績が必要であり、営業面では出荷計画や出荷実績が関連するKPIとして抽出された。

③ 「KPIプール」の中に適用できると考えられるKPIがないか1,697のKPIから文字検索等によりKPI候補を抽出し、有効と思われるKPIを選択する作業を行った。

図表5-3は当時作成された戦略マップの（全体）である。また、図表5-4はその一部を抜粋したものである。

同社では営業から購買や生産、物流および会計に至るまでの基幹業務にグローバル大手のERPを採用し、生産現場ではMESを導入してITを活用した経営管理の仕組みづくりを強化していた。そこでKPIマネジメントの導入における基本方針として、基幹システムから必要なKPI情報を抽出しKPI情報を提供することにした。

[図表5-3] 小型液晶製造の戦略マップ：全体

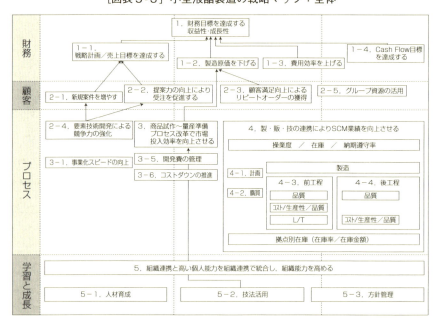

第5章 「KPIプール」による業務プロセス改革の事例

[図表5-4] 小型液晶製造の戦略マップの模式図：一部抜粋

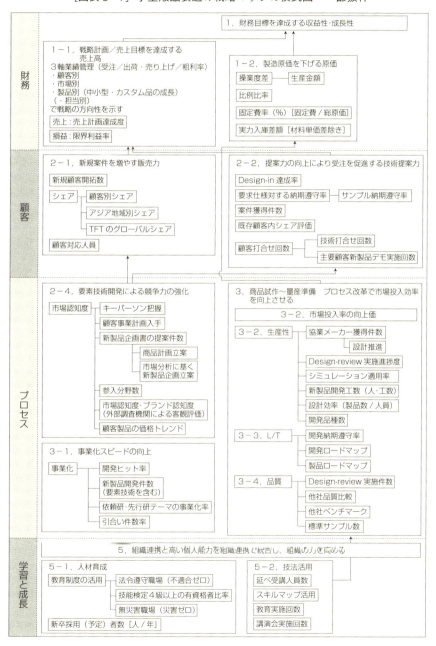

戦略マップはあるべき姿ではあるが，実現可能性を考慮していないので，実際には基幹業務システムから自動的に抽出することができないKPIが含まれていた。そこで，戦略マップ上にあるKPIを参照しながら，提供できるKPIを基幹業務システムのファイルから抽出する作業が行われ，最終的に341のKPIが基幹業務システムから抽出され経営管理に適用されることになった。この中で，「KPIプール」を使って新規に設定されたKPIは全体の10％程度である。同社がすでにERPで基幹業務システムを構築し，KPIに基づく経営管理を実践していたが，それらを検証し，さらに重要なKPIを上乗せすることができた。

(2) **KPIの組織的な活用による経営管理改革の推進**

KPIが経営活動に適切に活かされるためには，そのKPIを必要とし経営管理（PDCA）に役立てることができる責任と権限のある人に提供されなければならない。

そこで，図表5-5のように「スコアカード」において，プロセスをブランド，パープロとSCMに分け，全体では，財務，顧客プロセス（ブランド），プロセス（パープロ），プロセス（SCM），基盤技術の6階層とし，マネジメントの階層をレベル0からレベル6までの7階層として合計42の区分で管理することとした。

分類されたKPIの数は，図表5-5のとおりである。

KPIを用いた経営会議は，月次報告，四半期報告，年度報告として行われる。報告内容はそれぞれの指標の実績に基づく値とその評価としてのGYR（Green, Yellow, Red）の信号表示の他に，Yまた，はRの場合はその指標の責任部署における挽回策が責任部署より報告される仕組みにすることにより，経営管理におけるPDCAサイクルがより適切に回るようにした。

[図表5-5] スコアカードにおけるKPIの数

No.	KPIの内訳	レベル0. KPI数	レベル1. KPI数	レベル2. KPI数	レベル3. KPI数	レベル4. KPI数	レベル5. KPI数	レベル6. KPI数	計 KPI数
1	財務	1	6	13	1	0	0	0	21
2	顧客（ブランド）*1	1	4	5	20	21	0	0	51
3	プロセス（ブランド）*1	0	2	2	3	5	4	0	16
4	プロセス（パープロ）*2	1	4	14	24	32	1	0	76
5	プロセス（SCM）	1	1	2	5	17	103	32	161
6	基盤（技術）	1	3	6	2	4	0	0	16
	計	5	20	42	55	79	108	32	341

（*1） 顧客（ブランド），プロセス（ブランド）とは，取引先企業の価値を評価する指標。同一品質製品の年間供給価格ダウン率，標準納品リードタイムなどを顧客視点やプロセス視点で設定している。

（*2） プロセス（パープロ）とは，設計者生産性，製造技術者生産性を意味する。設計者数や製造技術者数当たりの売り上げや利益などをプロセス視点で設定している。パープロはパー・プロダクションの略である。

> レベル1・2・3の中から，39項目を経営会議（月次）で報告。
> レベル2：各部門でモニタリング。4半期に1回，経営会議でYまたはRのみ報告。
> レベル3～6：各部門でモニタリング。年1回報告。

第6章 「戦略展開フロー」による業務プロセス改革

6.1 本章の概要

業務プロセス改革の成果をさらにあげるためには,業務プロセス改革の取り組みを経営者の戦略や戦術と関係づけることが重要であると考えた。つまり,経営者の意思,明文化された経営戦略や経営計画と連動して業務プロセス改革を推進する手段として「戦略展開フロー」を考案した。

「戦略展開フロー」は「業務機能プール」による業務の可視化ならびに「KPIプール」による最適なKPIの設定に加えて,戦略・戦術マトリックスにより戦略と戦術を関連づけることにより,戦術とKPI候補ならびに関連する業務機能候補をセットで検討する手法である。「戦略展開フロー」はこれらの一連の手法であり,経営計画書に示された戦略や戦術,明示されていないが経営者が抱いている戦略や戦術を具体化する。その戦術に対して,改革すべき業務機能や最適なKPIの設定を支援することによって,業務プロセス改革プロジェクトの活動は,戦略や戦術にひもづいた活動として,効率的かつ効果的に遂行されると考えられる。

「業務機能プール」と「KPIプール」を同時に使うと,当該企業で明示された経営戦略に対して,
① それを具体的な実行計画に変換すること,すなわち戦術を従来よりも網羅的かつ迅速に整理でき,
② 戦術と関連する改革対象の業務機能候補とKPI候補が同時にかつ的確に

抽出できるという仮説を設定して考察を進めた。

具体的には，「業務機能プール」と「KPIプール」を同時に使って，「戦術・KPI・業務機能」のセットを抽出し，業務プロセス改革対象の業務機能候補とKPI候補をひもづけて表示する方法として「戦略展開フロー」を考案し，実際に実務に適用した。

6.2 「戦略展開フロー」の開発

現状の業務を可視化した結果，業務に何らかの問題があると認識された場合に，その業務を業務プロセス改革の対象とすべきか否かの選択にあたって，「戦略との整合性（すなわち，意味のある関係性）」の有無をチェックすることが重要である。

企業経営において戦略は，経営計画書や業務計画書等に明記されている。また，戦略として明確になっていないが，経営者が曖昧な言葉でイメージとして語っている場合がある。この曖昧な言葉で表現されている戦略を整理し，すでに明示された経営戦略とあわせて，その関係性をもとにして改善対象業務を評価することは，実務で理解しやすく実践的な方法の1つであると考えられる。たとえば，James CreelmanとNaresh Makhijani（2005）は，BSCを使った事例を紹介している。

すでに的確な「戦略・戦術・KPI・業務機能」のセットが明示されていれば問題はない。しかし，曖昧な記述でとどまっている場合，また，これから，「戦略・戦術・KPI・業務機能」のセットを明確にしようとしている場合は，まず戦略を戦術の束として定義する。そして，その戦術を実行するKPIを抽出し，その結果として「戦略・戦術・KPI・業務機能」のセットを的確に整理する手法が求められる。

一般的に，経営計画書では戦略を構成するいくつかの戦術が重点実施項目として明示される。重点実施項目に対して，その達成レベルを測定し，業務プロ

セス改革プロジェクトの実行性を上げ業績としての成果をあげるために必要なKPIが設定される。

そこで、実際に明示された戦略と業務を関係づけるにあたって、KPIを中間の連結キーとする新手法を考案した。これを「戦略展開フロー」と呼ぶことにする。

すなわち、
① 戦略から戦術を抽出する
② 戦術からExcelの検索機能を使ってKPI候補と業務機能候補を同時に抽出する
③ 最終的に「戦術・KPI・業務機能」をセットとして整理する

「戦略展開フロー」はこれらの一連の手法であり、経営計画書に示された戦略や戦術、明示されていないが経営者が抱いている戦略や戦術を具体化する。さらに、その戦術に対して改革すべき業務機能や最適なKPIの設定を支援することによって、業務プロセス改革プロジェクトの活動が効率的かつ効果的に遂行されると考えられる。

以下に具体的に「戦略展開フロー」の中身について述べる。

6.2.1 「戦略展開フロー」の構成

考案した「戦略展開フロー」の構成を図表6-1に模式図で示す。図表6-1の(1)～(5)の詳細は次のとおりである。

(1) 戦略を構成する戦術を設定する

経営戦略やそれを活動に具体化した戦術は多くの場合、経営計画書や業務計画書に記載される。したがって、経営計画書や業務計画書をもとにして戦略と戦術を関連づけることができる。

しかし、具体的に明示されていないが、経営者の意識の中には明確にその意思が存在する場合がある。すなわち、経営者が戦略や戦術を語る時、方向性を示す曖昧な言葉のみの場合もあれば、具体的な言葉で示す場合もある。

たとえば、曖昧な言葉で戦略を提示する例として、「イノベーティブな会社

[図表6-1]「戦略展開フロー」の構成

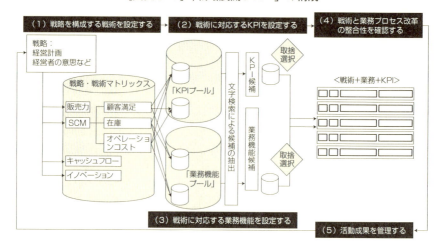

にしたい」や「SCMの高度化で勝ち抜きたい」などである。一方，具体的な言葉で戦略を提示する例として，「新製品の開発スピードを速めて，5年以内に発売した新製品の売上高比率を現在の10％から30％にしたい」や「キャッシュフローを改善するために，在庫を削減する。さらに売掛金の回収サイクルを早める」などである。

　新製品の開発スピードを速める，新製品の売上高比率を高めるという具体的な戦術は，曖昧な言葉で示されたイノベーティブな会社という戦略の構成要素として設定されることによって，戦略がより具体的なものになる。

　すなわち，イノベーティブな会社とは，新製品の開発スピードを速めて，新製品の売上高比率を高めることであると整理して，経営者が合意すれば，「イノベーティブな会社にしたい」いう経営者の戦略は，具体的な戦術としては，「新製品の開発スピードを速めて，5年以内に発売した新製品の売上高比率を現在の10％から30％にしたい」という戦術で構成されるといえる。

　そこで，戦略と戦術のマトリックス表を作成し，所与の戦略にいくつかの戦術を関連づけたり，逆にいくつかの所与の戦術に戦略を関連づけることができれば，業務改革プロジェクトメンバーは，経営者の言葉を戦略と戦術のセットで具体化することができると考えられる。

「戦略を構成する戦術を設定する」では,「KPIプール」に記述した戦略と戦術を関連づけたマトリックス表,すなわち,戦略と戦術のマトリックスを作成した(これを,「戦略・戦術マトリックス」と呼ぶ)。業務改革プロジェクトメンバーは,経営者の意思や経営計画書,業務計画書から,「戦略・戦術マトリックス」を使って,戦略名称と戦術名称を特定する。ここで特定された戦術名称が「戦略展開フロー」において,「戦術に対応するKPIを設定する」および「戦術に対応する業務を設定する」におけるKPIならびに業務機能抽出のための「抽出キー」となる。

(2) 戦術に対応するKPIを設定する

戦術名称を「検索キー」として,その成果を測定するKPI候補を抽出する。

抽出するシステムは,Microsoft社のExcel内でVisual Basicにより構築されており,「検索キー」は10個まで設定できる。

同時に複数の「検索キー」が使えるようにしたのには理由がある。たとえば,「在庫」を「検索キー」とした場合,その「検索キー」により抽出されたKPI候補や業務機能候補を抽出することはできるが,「在庫は入庫(入荷),出庫(出荷)の結果である」いう業務プロセスを考えれば,「検索キー」は「入庫」,「入荷)」,「出庫」,「出荷」および「在庫」の複数の「検索キー」でKPI候補を抽出することによって,より的確にKPI候補を抽出することができると考えられる。このようにして,抽出されたKPI候補の中から,戦術の管理に必要な最適なKPIを設定することができる。

(3) 戦術に対応する業務機能を設定する

Microsoft社のExcel内でVisual Basicにより構築された抽出システムは,「戦術に対応するKPIを設定する」と同じ「検索キー」で,KPI候補の抽出と同時に「業務機能プール」の中にある業務機能候補を抽出することができる。業務機能候補は,KPIデータの生成に関連する業務機能であり,その業務が安定してKPIデータを生成し提供できるかを確認することになる。抽出された業務機能候補の中から,KPIデータの生成に必要な業務機能を設定する。

業務改革プロジェクトメンバーは,「業務機能プール」を用いて,業務の有無,時間軸の問題,管理項目の問題,業務成熟度,情報システム使用状況についてそれぞれの業務機能分野の担当者から現状を把握し,可視化することができる。

したがって,事前に「業務機能プール」を用いて現状を把握しておれば,KPIデータの生成に必要な業務機能の現状については,業務機候補の抽出と同時に確認することができる。事前に調査が行われていない場合は,該当する業務機能について同様の調査を行うことによって現状業務の状態を確認することができる。

(4) 戦術と業務プロセス改革の整合性を確認する

抽出されたKPI候補ならびに業務機能候補の中から,それぞれ最適なKPIならびに業務機能を設定する。設定されたKPIならびに業務機能は,その候補の抽出のもとになった戦術と対比して,「戦術・KPI・業務機能」を一連のまとまった戦略セットとして整理する。

これらの一連の取り組み,すなわち,
① 戦略から戦術を抽出する
② 戦術からExcelの検索機能を使ってKPI候補と業務機能候補を同時に抽出する
③ 最終的に「戦術・KPI・業務機能」をセットとして整理する

ことによって,「戦略との整合性(すなわち,意味のある関係性)」で業務プロセス改革の対象となる業務機能や最適なKPIの設定を支援することができる。

(5) 活動成果を管理する

必要なKPIデータが業務プロセス改革の対象業務から生成されKPIマネジメントのサイクルを回すことができる。

6.3 従来法と「戦略展開フロー」の比較

　企業において，有期で業務プロセス改革を企画立案し推進するプロジェクトに異動できる人材は，数の面でも質の面でも限られている。

　その限りのある人材によって，通常次のようにプロジェクトが編成される。すなわち，プロジェクトではコアになる人材は数名，多くても10名程度でほぼ全員が日常業務との兼務者であり，プロジェクト活動に多くの時間はさけない。また，プロジェクトメンバーはそれぞれ何らかの組織に所属しており，その組織が行っている業務については精通していても，他部門の業務についての知識は充分ではない。

　したがって，実際の業務プロセス改革プロジェクトでは，抽出者の知識や知恵を超える最適なKPIを設定したうえで，そのKPIを生成する業務機能を特定することは容易ではない。

　そこで，第2章で述べたように，業務の機能に注目し，業務機能の可視化を実現するために「業務機能プール」を考案した。これは，業務の有無やその管理水準を可視化することを目指したものである。さらに，業務のプロセスに注目し，業務プロセスを可視化するという課題にも取り組み，「業務機能プール」の結果を業務フローで表現し，業務を機能とプロセスの両面から同時に可視化ことを可能にした。

　一方，業務プロセス改革プロジェクトにおいて，改善された業務の成果を計測するためには，KPIが有効なツールである。そこで，第4章で述べたとおり，多くの業務プロセス改革事例からKPIを収集整理し，必要なKPIの設定を支援するツール「KPIプール」を開発し，いわゆる枠組み法による業務機能の設定，ならびにKPIの設定方法などの従来法と比較して，その有効性を確認した。

　しかし，「業務機能プール」によって，業務機能や業務フローによる業務の可視化が可能になり，「KPIプール」によって最適なKPIの設定に役立つ手法が開発されたが，いずれも戦略や戦術とのひもづけができていなかった。これまでは，業務改革プロジェクトの対象業務は所与のものとして，その業務改革プ

ロジェクトの活動を支援する手法を開発してきた。

「戦略展開フロー」では，戦略やそれを具体化した戦術との整合をチェックして，業務改革の対象業務の妥当性や，業務改革の成果を測定するKPIが生成される業務機能を特定し，その業務機能から安定して最適なKPIを生成することを目指している。

そこで，従来法と「戦略展開フロー」を比較して，「戦略展開フロー」の有

[図表6-2] 従来法と「戦略展開フロー」の比較

		従来法	「戦略展開フロー」
①戦略を構成する戦術を設定する		①多くの場合，重点実施項目が先に決まり，その集合体として戦略名称がつけられる。	①KPIプールの1,697のKPIから整理した738の戦術と戦略名称をひもづけた「戦略・戦術マトリックス」を作成し，戦略から戦術を抽出する手法を考案した。
		②経営者の曖昧な言葉で発信された戦略を具体的な戦術で再構築するためにはベテランの知識と知恵が必要である。	②これを活用することにより，経験の浅い担当者でも，従来法と比較して，より適切な戦術のセットを設定することができる。
②戦術に対応するKPIを設定する		①「4X3マトリックス法」などの枠組み法の提供でKPIの設定を支援する。	①戦術名称を文字検索のキーとして，KPIプールの1,697のKPIから戦術と関連性の高いKPI候補を抽出する。担当者はその中から最適なKPIを設定することができる。
		②適切なKPIを抽出できるか否かは担当者の経験や思考する能力に依存する。	②KPIの設定にあたっては，「KPプール」の中にある付属情報を参照することによって，経験の浅い担当者でも最適なKPIを設定することができる。
③戦術に対応する業務機能を設定する		業務改革プロジェクトが参照する業務リストとして，最も一般的なものは「業務分掌」である。しかし，次の2点の理由で従来法では業務記述が出来る人材は少ない。	①戦術名称を文字検索のキーとして，「業務機能プール」から戦術と関連性のある業務機能候補を抽出する。担当者はその中から，必要な業務機能を設定することができる。
		①業務分掌は役割を記述しており業務機能や業務プロセスを記述していない。	②選択にあたっては，「業務機能プール」の中にある付属情報を参照することによって，経験の浅い担当者でも必要な業務機能を設定することができる。
		②担当者が多くの機能分野を経験することは少なく，経験していない業務については記述することが容易ではない。	
④戦術と業務改革プロジェクトの整合性を確認する		従来法では，「戦術・KPI・業務機能」をセットとして整理する手法が実務では確立していなかった。 理由としては，特にKPIと業務機能をひもづけて整理するには，知識や経験が限られている担当者では難しく，実務で有効な手法が見当たらなかった。	①文字検索ツールの開発により，同時に同じ戦術名称でKPI候補ならびに業務機能候補を抽出することが可能になった。これにより，担当者は「戦術・KPI・業務機能」のセットを整理することができるようになった。
⑤活動成果を管理する		業務機能で実現性を確認するプロセスが欠けていることにより，活動レベルでKPI情報の入手と必要な部署や担当者への提供が困難になるなどの課題が発生する可能性がある。	「戦術・KPI・業務機能」の一連のセットが出来ることによって，業務機能レベルではより実現性の高い取り組みができる。

効性について考察する。従来法とは，いわゆる枠組み法による業務機能の設定，ならびにKPIの設定方法を指す。「戦略展開フロー」とは，戦略から戦術を展開し，KPI候補と業務機能候補を同時に設定する手法を指す。

従来法と「戦略展開フロー」の比較を図表6-2に示す。

(1) **戦略を構成する戦術を設定する**

「戦略を構成する戦術を設定する」では，従来法が戦略や戦術は所与であり，業務改革プロジェクトは，業務改革対象業務やKPIの設定に際して，改めて戦略や戦術と業務改革プロジェクトの関係を再構築し，見直すことはないと考えられる。なぜならば，経営戦略やそれを活動に具体化した戦術は多くの場合，経営計画書や業務計画書に記載され，経営計画書や業務計画書をもとにして戦略と戦術を関連づけることができるからである。

しかし，実際には経営計画書や業務計画書には，すべてが記述されているわけではなく，また，これらの記述と関連して，具体的に明示されていないが，経営者の意識の中には明確にその意思が存在する場合がある。すなわち，経営者が戦略や戦術を語る時，方向性を示す曖昧な言葉のみの場合もあれば，具体的な言葉で示す場合もある。

これに対して，「戦略展開フロー」では，1,697の「KPIプール」から整理した738の戦術と戦略名称をひもづけた「戦略・戦術マトリックス」を作成し，戦略から戦術を抽出する手法を考案した。「戦略・戦術マトリックス」を活用することにより，経験の浅い業務改革プロジェクトメンバーでも，従来法と比較して，経営者の意思や経営計画書，業務計画書から，「戦略・戦術マトリックス」を使って，より適切な戦略と戦術のセットを設定することができる。

ここで特定された戦術名称が「戦略展開フロー」において，

② 「戦術に対応するKPIを設定する」および，

③ 「戦術に対応する業務を設定する」

におけるKPIならびに業務機能抽出のための「検索キー」となる。

(2) 戦術に対応するKPIを設定する

「戦術に対応するKPIを設定する」において，従来法では，「4×3マトリックス法」などの枠組み法の提供でKPIの設定を行う。この方法では，適切なKPIを抽出できるか否かは，第4章で述べたように，担当者の経験や思考する能力に依存すると考えられる。

これに対して，「戦略展開フロー」では，戦術名称を文字検索の「検索キー」として，KPIプールの1,697のKPIから戦術と関連性の高いKPI候補を抽出する。担当者はその中から最適なKPIを設定することができる。戦術名称を「検索キー」として，KPI候補を抽出する方法については，「KPIプール」を使ってExcelの検索機能によって，KPI候補を抽出する方法と同じである。「戦略展開フロー」では，文字検索の「検索キー」が10個まで同時に設定できるように，Excel内でVisual Basicにより構築した抽出システムを開発して適用した。

このことによって，業務改革プロジェクト担当者は，「検索キー」を連続したプロセスとして設定することにより，より，業務プロセスと関連する適切なKPIを抽出できるようになった。

たとえば，「在庫」を「検索キー」とした場合，その「検索キー」により抽出されたKPI候補や業務機能候補を抽出することはできる。しかし，「在庫は入庫（入荷），出庫（出荷）の結果である」いう業務プロセスを考えれば，「検索キー」は「入庫」，「入荷」，「出庫」，「出荷」および「在庫」の複数の「検索キー」でKPI候補を抽出することによって，より適切なKPI候補を抽出することができると考えられる。

このようにして，業務機能ではなく，業務機能を連続した業務プロセスとなる複数の連続した「検索キー」を設定し，KPI候補を抽出することにより，そのKPI候補の中から，戦術の管理に必要な最適なKPIを設定することができる。

(3) 戦術に対応する業務機能を設定する

従来法では，「戦略・戦術マトリックス」に相当する支援ツールが用意されていないことにより，戦略から戦術を設定するにあたり，業務改革プロジェクトメンバーの能力に依存することになる。

すなわち，業務プロセス改革プロジェクトメンバーが参照する業務リストとして，最も一般的なものは「業務分掌」であろう。しかし，業務分掌は役割を記述しており業務機能や業務プロセスを記述していない。また，業務プロセス改革プロジェクトメンバーが多くの機能分野を経験することは少なく，経験していない業務については，戦術に対応する業務機能を設定することは容易ではない。

　一方，「戦略展開フロー」では，「戦略・戦術マトリックス」によって具体的になった戦術名称を文字検索のキーとして，「業務機能プール」から戦術と関連性のある業務機能候補を抽出する。文字検索にあたって，「戦略展開フロー」では，KPI候補と業務機能候補は同時に同じ「検索キー」で同時に検索することができる。

　そこで，「(2)戦術に対応する業務機能を設定する」で，述べたように，関連する業務プロセスのいくつかを同時に「検索キー」にすることによって，検索された業務機能は網羅性が高いものとなる。たとえば，「在庫」で検索するだけでなく，「検索キー」は「入庫」，「入荷)」，「出庫」，「出荷」および「在庫」の複数の「検索キー」で業務機能候補を抽出することによって，一連の業務プロセスとして関連する業務機能候補を抽出することができる。業務プロセス改革プロジェクトメンバーは，その業務機能候補の中から，戦術を達成するに必要な業務改革対象業務や最適なKPIを生成するにあたって必要な業務機能を設定することができる。

⑷　戦術と業務プロセス改革の整合性を確認する

　従来法では，戦略・戦術は業務改革プロジェクトにとっては所与のものであり，「戦術・KPI・業務機能」をセットとして整理する手法が実務では確立していなかった。理由としては，知識や経験が限られている業務プロセス改革プロジェクトメンバーでは，KPIと業務機能をひもづけて整理することが難しく，実務で有効な手法が見当たらなかったと考えられる。

　「戦略展開フロー」では，検索ツールの開発により，同じ戦術名称で同時にKPI候補ならびに業務機能候補を抽出することが可能になった。これにより，

業務プロセス改革プロジェクトメンバーは「戦術・KPI・業務機能」のセットを整理することができるようになった。すなわち，

① 戦略から戦術を抽出する
② 戦術からExcelの検索機能を使ってKPI候補と業務機能候補を同時に抽出する
③ 最終的に「戦術・KPI・業務機能」をセットとして整理する

ことによって，「戦略との整合性（すなわち，意味のある関係性）」で改革すべき業務機能や最適なKPIの設定を支援することができる。

(5) 活動成果を管理する

従来法では，業務機能で実現性を確認するプロセスが欠けていることにより，活動レベルでKPI情報の入手と必要な部署や担当者への提供が困難になるなどの課題が発生する可能性がある。

「戦略展開フロー」では，同時に同じ戦術名称でKPI候補ならびに業務機能候補を抽出することが可能になったので，業務改革プロジェクトメンバーは，戦術を達成するに必要な業務改革対象業務や最適なKPIを生成するにあたって必要な業務機能を設定することができる。つまり，「戦術・KPI・業務機能」の一連のセットができることによって，業務機能レベルではより実現性の高い取り組みができる。

「戦略展開フロー」は「業務機能プール」による業務の可視化ならびに「KPIプール」による最適なKPIの設定に加えて，「戦略・戦術マトリックス」により戦略と戦術を関連づけることにより，戦術とKPI候補ならびに関連する業務機能候補をセットで検討する手法である。「戦略展開フロー」はこれらの一連の手法であり，経営計画書に示された戦略や戦術および，明示されていないが経営者が抱いている戦略や戦術を具体化する。さらに，その戦術に対して改革すべき業務機能や最適なKPIの設定を支援することによって，業務プロセス改革プロジェクトの活動が効率的かつ効果的に遂行されると考えられる。

業務プロセス改革プロジェクトのメンバーは，実務で経験している業務機能

の分野が限られており，経験外の業務機能の「戦術・KPI・業務機能」を一連のセットとして設定することは難しいと考えられる。

そこで，「戦略展開フロー」により，業務プロセス改革プロジェクトメンバーの思考の幅を広げ，深く考えることを支援して，「戦術・KPI・業務機能」を一連のセットとして設定し業務プロセス改革の対象を絞り，業務改革プロジェクトを効率的かつ効果的に推進することができるようにすることが重要である。

6.4 戦略・戦術・KPIの統合

6.2.1「戦略展開フロー」で述べた，「(1)戦略を構成する戦術を設定する」，「(2)戦術に対応するKPIを設定する」，「(3)戦術に対応する業務機能を設定する」ことを可能にするために，本章では，戦略，戦術とKPIの関係性をもとにして戦略と戦術の関係を整理した「戦略・戦術マトリックス」の作成について述べる。

6.4.1 「KPIプール」における戦略・戦術・KPIの関係

演繹法では，戦略を決めて，その戦略を実行し成果をあげるいくつかの戦術を考案する。たとえば，戦略としてコストダウン戦略を採用すると，その戦略はコストダウンで業績を上げるために必要な戦術，たとえば購買外注ではより安い購買先や外注先を探索し，労務費のより安い国に製造拠点を移すなどの戦術に展開される。この方法では，個々の戦略に応じたいくつかの戦術を導き出す必要があるが，経験した業務領域に限りがある業務プロセス改革プロジェクトメンバーが的確な戦術を導き出すのは容易ではない。

そこで本章では，戦略から戦術を導き出すのではなく，収集した1,697のKPIのそれぞれに戦術を関連づけて，その膨大な戦術から最適な戦術を抽出する方法を検討した。すなわち，それぞれのKPIに対して関連すると思われる戦術を帰納法によって整理することにより，最終的には738の戦術に整理し，1,697の

KPIと738の戦術をM：Nの関係でひもづけた。

　戦略はいくつかの戦術の組み合わせと考えることができるので，それぞれの戦術に対して関連すると思われる戦略を帰納法によって整理することにより，最終的には25の戦略に整理し，1,697のKPIと25の戦略をM：Nの関係でひもづけた。この作業によって，KPIと戦略と戦術がひもづいた。KPIにひもづいた戦術，戦術にひもづいた戦略の関係を図表6-3に模式的に示す。

図表6-3　「KPIプール」における戦略・戦術・KPIの関係

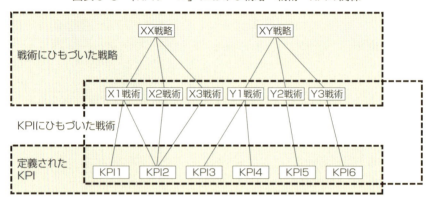

　図表6-3では，定義されたKPIに対して，複数の戦術をひもづけ，さらにその戦術と戦略をひもづけた結果の相互の関係を示す。これによって，戦略から戦術を展開することが可能になり，また，戦術からKPIを関連づけて整理することが可能になった。

6.4.2　KPIにひもづけて整理した戦術の実際

　1,697のKPIをもとにして戦術を整理し，その戦術とKPIをひもづけた方法について説明する。

　それぞれのKPIの定義を読み，そのKPIがどのような取り組みの中で必要となるかを考えながら戦術名を追記した。最初に何らかの整理のための枠組みを設定して，その枠組みに沿って戦術を定型的に整理するのではなく，1,697のKPIのそれぞれについて，関連すると思われる戦術を記述した。結果的には，

1つのKPIに対して複数の戦術を記述した。

次に，書き込まれた戦術名の文言をすべて見直して，同様の狙いの戦術名を統合し，さらに戦術名の内容をコンマ区切りで分解し，同様の内容の表現を統一した。このような言葉の整理を行うことによって，最終的には738の戦術名

図表6-4　名寄せされた戦術名：抜粋
—738項目に整理—

ID	戦術例	ID	戦術例
S535	生産計画の効率化	S013	ITの活用によるリアルタイムな在庫把握
S536	生産計画の迅速な策定	S375	在庫情報のリアルタイムな把握
S537	生産計画の多頻度化	S333	顧客動向を考慮した在庫計画の策定
S070	サプライチェーンの最適化による生産計画の多頻度化	S372	在庫の削減
S350	効率的な生産計画の策定	S373	在庫回転率の向上
S621	適切な生産計画の策定	S374	在庫管理の向上
S069	サプライチェーンの最適化による需要予測の精度向上	S377	在庫水準の適正化
S598	調達計画の迅速な変更	S525	迅速な在庫照会
S427	需要予測／生産計画の提供による調達の効率向上	S588	滞留在庫の減少
S353	効率的な配送計画の策定	S602	長期滞留在庫の削減
S346	効果的な販売計画の策定	S648	廃棄損の削減
S624	店頭での実需関連情報の収集	S689	部品在庫の削減
S129	メーカー・卸・小売の情報の共有による売上増大と計画的発注補充の推進	S071	サプライヤーとの関係強化
S424	受注・在庫情報の共有による仕入先・物流業者とのWin-Winの関係	S073	サプライヤーの活用
S288	顧客との関係確立	S343	効果的な仕入計画の策定
S289	顧客との関係強化	S349	効率的な仕入の実現
S322	顧客管理	S382	仕入の適正化
S287	顧客とのコミュニケーション密度の強化	S383	仕入れ先管理
S421	主要顧客への売上の把握	S384	仕入計画の精度向上
S291	顧客との情報の共有	S396	支払業務のコスト削減
S292	顧客との情報共有による市場トレンドのタイムリーな把握	S397	支払業務の効率化
		S398	支払業務の標準化
S293	顧客との情報共有による需要予測／生産計画の入手	S006	e発注の利用率向上
S294	顧客との情報共有による生産計画／在庫情報の提供	S658	発注の迅速化
S423	取引先満足度の向上	S250	検品チェックの確実な実施
S653	売れ筋商品の把握	S136	リードタイムの短縮
S457	商品回転率の迅速な把握	S531	生産リードタイムの削減
S561	製品管理の徹底	S695	物流リードタイムの削減
S464	商品鮮度の保持	S696	物流拠点の最適化による物流リードタイムの低減
S454	出荷時の誤欠品の削減		
S456	商品の入手可能性の増大	S115	フレキシブルな物流体制の構築
S564	製品廃棄損の削減	S526	迅速な納期回答
S524	迅速な欠品補充	S644	納期の遵守
S647	納品ミス削減体制の構築	S645	納期回答精度の向上
S032	MD力の強化(merchandising)	S314	顧客へのJIT調達体制の確立
S131	ライフサイクルマネジメント	S715	輸送の平準化

に名寄せをすることができた。

　図表6-4に名寄せされた戦術名の例を抜粋して示す。たとえば，図表6-4の戦術例の最初にある，「S535　生産計画の効率化」と「S536　生産計画の迅速な策定」および「S537　生産計画の多頻度化」はよく似た戦術名のように思える。しかし，実際にはこの3つの戦術を「S535　生産計画の効率化」に統合してしまうと，実務で企業が取り組む戦術としては適合しないと考えた。つまり，計画を効率化することは少ない投入工数で計画をつくることであり，迅速に計画を立てることは投入工数に関係なく，タイムリーに計画をつくることを意味している。

　また，生産計画の多頻度化は，たとえば今まで1カ月ごとに計画を策定し見直していた計画サイクルを，週次での計画立案サイクルに変更することであり，市場の変化や需給の変動に対して計画が実需により追随できるようにすることである。このように，1つひとつのKPIとそれぞれの戦術名を丁寧に設定したことにより，「戦略展開フロー」は，より実務に適用できるようになった。

6.4.3　戦術にひもづけて整理した戦略の実際

　整理された738の戦術名を読み込み，その戦術がどのような戦略のもとで必要となるかを考え，戦略名を追記した。

　一旦追記した戦略と抽出整理した738の戦術をマトリックス表にして，関係性を確認した。この過程で戦略名の見直しや統合作業を行い，最終的には25の戦略名にまとめることができた。同一の戦術が異なる戦略で用いられるケースもあることから，戦略と戦術の関係をM：Nの関係でひもづけて整理した。すなわち，「戦略展開フロー」における「戦略・戦術マトリックス」を作成した。

　このように，KPIと戦術と戦略をひもづけたことによって，「戦略展開フロー」では，経営者から戦略としての曖昧な表現を聞いた時に，その曖昧な戦略を具体的な戦術の集合として定義することが可能になった。

　多くの経営者は経営戦略についての意思はあるが，それをどのような戦術で実現するかについては，十分なアイデアが思い浮かばないことが多いと思われる。一方，業務改革プロジェクトのメンバーや実務担当者は，具体的な取り組

みとしての戦術を考案することができても，経営者の発する戦略との関係を具体的に整理することは容易ではないと思われる。

そこで，経営者の発する戦略と業務改革プロジェクトのメンバーの戦術の関係を「戦略・戦術マトリックス」を用いて，戦略から戦術名をひもづけて展開したり，戦術名から戦略をひもづけることによって，双方の関係を具体化することができた。

具体的には，経営者インタビューなどを通じて，経営者の考える企業のありたい姿や短期または中期で認識している課題を確認する。その過程で入手できた言葉としての戦略名や戦術名を書きとめる。その書きとめた戦略名を「戦略・戦術マトリックス」の中にある戦略名に当てはめると，「戦略・戦術マトリックス」から関連する戦術名を抽出することができる。また，インタビューの過程で入手できた複数の戦術名を「戦略・戦術マトリックス」の中にある戦術名に当てはめると，「戦略・戦術マトリックス」から関連する戦略名を抽出することができる。

このように，曖昧であった経営者の意図する戦略は，より明確な戦術名で表現されるようになる。また，具体的であったいくつかの戦術は，その戦術名をまとめて表現した戦略名として提示することができる。

「戦略展開フロー」では，このようにして明確になった戦術名を「検索キー」にして，最適なKPIを設定するためのKPI候補の抽出や，必要な業務機能を設定するための業務機能候補を同時に検索することが可能になった。

戦略と戦術をひもづけた「戦略・戦術マトリックス」の一部を図表6-5に抜粋して示す。

6.5 KPI候補と業務機能候補の同時抽出

第2章で述べたように，「戦略・戦術マトリックス」の開発により，戦略と戦術の関係をM：Nの関係でひもづけて整理することができる。

「KPIプール」に戦略と戦術をそれぞれカラムを分けて記述することにより，

[図表6-5]「戦略・戦術マトリックス」：抜粋
―戦略と戦術のM：Nでのひもづけ―

		戦略																								
		a.財務			b.顧客				c.業務								d.学習									
ID	対応する戦略	A01 売上拡大（成長）戦略	A02 コスト低減戦略	A03 資金戦略	B01 商品価値向上戦略	B02 付随サービス価値向上戦略	B03 対応・サポート力向上戦略	B04 囲い込み戦略	C01 イノベーション戦略	C02 商品企画・開発・設計	C03 ECM	C04 調達・製造	C05 営業・販売	C06 物流	C07 SCM	C08 間接業務・アフターサービス	D01 スキルアップ戦略・業務効率化	D02 人事戦略	D03 価値観・理念の浸透	D04 戦略の明確化	D05 組織構造	D06 IT戦略	D07 システム・制度整備	D08 CSR	D09 社会・投資家へのイメージ／PR戦略	D10 ES向上戦略

ID	対応する戦術例	38	0	0	0	0	0	0	0	0	2	2	2	0	4	6	2	0	1	1	0	10	2	1	3	0
S001	BCP	5													○	○	○					○				
S002	BSCの活用	3																		○	○	○				
S003	Co2排出量削減	2																							○	○	
S004	DM費の効率的な利用	1										○														
S005	EUCの活用	2														○							○				
S006	e発注の利用率向上	3									○	○			○												
S007	IR情報の積極的な発信	1																								○	
S008	IR体制の充実	1																								○	
S009	ITインフラの適切な運用	2														○							○				
S010	ITの活用	2														○							○				
S011	ITの活用によるミスの削減	2														○							○				
S012	ITの活用によるユーザーの利便性の向上	2										○											○				
S013	ITの活用によるリアルタイムな在庫把握	3													○	○							○				
S014	ITの活用による情報管理の浸透	2														○							○				
S015	ITヘルプデスクの効率的な運用	2														○							○				
S016	ITを活用した部門間連携	3									○				○								○				
S017	IT開発効率の向上	2															○						○				

　KPIと戦術と戦略をひもづけることができた。それによって，経営者から戦略としての曖昧な表現を聞いた時に，その曖昧な戦略を具体的な戦術の集合として定義することが可能になり，具体的に表現された戦術名を「検索キー」にして，最適なKPIを設定するためのKPI候補の抽出や必要な業務機能を設定するための業務機能候補を同時に検索するための条件が整う。

　これによって，「KPI候補」と「業務機能候補」を別々に検索し，抽出する

ことができるが,互いの関係を確認し,最適なKPIを設定する必要がある。

そこで,KPI候補の抽出や必要な業務機能を設定するための業務機能候補を同時に検索するプログラムを開発して同時検索を可能できれば,より効率的かつ最適なKPIおよび必要な業務機能を設定することができる。以下にここで考案した同時抽出の仕組みについて述べる。

6.5.1 「検索キー」によるKPI候補と業務機能候補の同時抽出

実際に経営管理で使用する最適なKPIおよびそのKPIデータを生成するために必要な業務機能を設定する作業が必要になる。この作業を効率的に行うために,KPI候補と業務機能候補を同時に抽出し,それがどの「検索キー」により抽出されたかという関連性を表示する検索システムを考案した。

考案した「戦略展開フロー」では,「検索キー」を指定することにより,その戦術に対応したKPI候補と業務機能候補が抽出される。具体的には,「検索キー」で指定された単語が,「KPIプール」に含まれるかを検索し,検索されたKPI候補を1シートに出力する。同じく,「業務機能プール」の中に「検索キー」が含まれるかを検索し,検索された業務機能候補を1シートに出力する。

複数の「検索キー」が指定され,KPI候補および業務機能候補が複数抽出された場合には,システムのロジックで行寄せを行う。その結果,1表で複数の「検索キー」とその「検索キー」によって抽出されたKPI候補ならびに業務機能候補が,重複することなく表示される。

このKPI候補と業務機能候補の同時抽出機能の開発によってKPI候補ならびに業務機能候補の検索作業の効率が高まると同時に,「検索キー」相互の関係が見えるようになり,KPI候補ならびに業務機能候補から,最適なKPIならびに必要な業務機能をより効率的に設定することが可能になった。 図表6-6に実際の検索の画面を示す。

次に,「在庫」,「入庫」,「入荷」,「出庫」,「出荷」の5つの「検索キー」で,KPI候補と業務機能候補を同時検索した結果を図表6-7,図表6-8に示す。

図表6-7はKPI候補の抽出例である。図表6-7では,「在庫」,「入庫」,「入荷」,「出庫」,「出荷」の5つの「検索キー」で検索したKPI候補の例であるが,

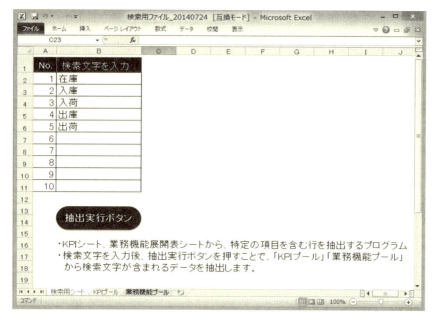

[図表6-6] 検索画面のレイアウト
―「在庫」,「入庫」,「入荷」,「出庫」,「出荷」の5つの「検索キー」で検索した例―

　それぞれのKPI候補がどの「検索キー」により抽出されたかがわかる。たとえば，指標名の「OCF」は「在庫」で検索されていることが○マークで示されている。同様に，指標名の「指定時間どおりの出荷率」は「出荷」で検索されたことを○マークで示している。図表の中の「該当個数」欄は5つの検索キーのうち，いくつの検索キーで検索されたかの個数を示す。図表6-7ではすべて1個になっている。

　図表6-8は業務機能候補の例である。

　図表6-8は，在庫，入庫，入荷，出庫，出荷の5つの「検索キー」で検索した例であるが，それぞれの業務機能候補がどの「検索キー」により抽出されたかがわかる。たとえば，レベル3の「出荷指示作成」は「在庫」と「出庫」の2つの「検索キー」で検索されており，レベル3の「倉入れ作業」は「在庫」,「入庫」,「出庫」の3つの「検索キー」で検索されたことを示している。図表6-8の「該当個数」欄は複数の検索キーのうち，いくつの検索キーで検

[図表6-7] 同時検索したKPI候補の例
―「在庫」,「入庫」,「入荷」,「出庫」,「出荷」の5つの「検索キー」で検索した例―

財務	顧客	業務	学習	カテゴリー	指標No.	指標名	指標の概要(定義)	在庫	入庫	入荷	出庫	出荷	該当個数	自由記載
○				2.株主価値向上	a02007	OCF	Operating Cash Flow	○					1	
○				4.コストダウン	a04037	雑損金額	一般在庫ハンドリング、リニューアル・終売などに伴う製品、原料資材廃棄損金額及びこれに伴う廃棄費用(返品は除く)	○					1	
○		○		4.コストダウン	a04052	在庫維持費		○					1	
○		○		4.コストダウン	a04053	在庫回転日数		○					1	
○		○		4.コストダウン	a04054	在庫回転率		○					1	
○		○		4.コストダウン	a04055	在庫コスト削減率		○					1	
○		○		4.コストダウン	a04056	在庫対売上原価比率		○					1	
○		○		4.コストダウン	a04057	在庫保有高		○					1	
○		○		4.コストダウン	a04082	原料長期在庫金額		○					1	
○		○		4.コストダウン	a04123	棚卸資産廃却損		○					1	
○		○		4.コストダウン	a04124	棚卸資産評価損		○					1	
○		○		4.コストダウン	a04125	棚卸資産管理費用		○					1	
○				7.保有資産の最大活用	a07014	棚卸資産回転期間	在庫が一定期間における売上原価として投下	○					1	
	○	○		9.業務戦略	b09002	指定時間通りの出荷率						○	1	
	○	○		9.業務戦略	b09005	在庫切れ率	顧客の要求する製品が在庫切れである割合	○					1	
	○	○		9.業務戦略	b09006	補給部品の手配に要する時間	品が顧客の手元に届くまでに要した時間	○					1	

[図表6-8] 同時検索した業務機能候補の例
―「在庫」,「入庫」,「入荷」,「出庫」,「出荷」の5つの「検索キー」で検索した例―

項目番号				業務機能レベル				業務機能説明	在庫	入庫	入荷	出庫	出荷	該当個数	自由記載
				レベル0	レベル1	レベル2	レベル3								
4	1	1	1	在庫管理	入出庫管理	部材倉出	出庫指示作成	製造指図データに基づき、倉庫から工程への出庫指示データを作成し、製造指示書毎の出庫指示書を出力す	○			○		2	
4	1	1	2				出庫指示書回付	出庫指示書に製造管理票を添付して回付する。	○			○		2	
4	1	1	3				出庫作業	出庫指示書に基づき、倉庫より原材料を出庫する。	○			○		2	
4	1	1	4				出庫登録	出庫を登録し、在庫を引き落とす。	○			○		2	
4	1	2	1			製品倉入	倉入作業	生産された製品を倉庫に入庫する。	○	○		○		3	
4	1	2	2				倉入登録	入庫数量を登録し、在庫として計上する。	○	○		○		3	
4	1	2	3				倉入実績出力	倉入した実績を出力する。	○			○		2	
4	1	3	1			部材倉出戻入	倉出戻入作業	生産に使用した残原材料を倉庫に入庫する。	○	○		○		3	
4	1	3	2				倉出戻入登録	製造管理票記述の原材料の残量を元に、倉出戻入の数量を入力する。	○			○		2	
4	1	4	1			倉庫要求(手入力)	手配依頼作成	システム以外で倉庫要求(在庫調整または在庫移動)の手配依頼を作成する。	○			○		2	

索されたかの個数を示す。

6.5.2 KPIと業務プロセス改革における目的との整合性の確保

業務プロセス改革における改善対象業務が戦略や戦術と整合性が確保されているのかという課題に対して，具体的には「戦術・KPI・業務機能」のセット

[図表6-9] KPI候補と改善対象業務の関連性の検討例
―「新製品」,「製品」,「開発」,「設計」を「検索キー」にした抽出例―

新製品	製品	開発	設計	項目番号			レベル0	レベル1	レベル2	設計変更促進の迅速化	新商品の市場投入数	新製品開発に携わる従業員数	研究開発費	1製品あたり開発期間	新製品開発期間	CAE導入による開発期間短縮月数	サービス・製品の開発の進捗度	設計図書出図納期遵守率	量産試作段階での設計変更・仕様変更数	次世代製品の開発に要する時間	新製品開発進行度	先行技術開発数	新製品計画件数に対する実現した新製品開発件数	競合他社の新製品投入件数に対する自社の新製品投入件数	新製品の平均試作回数	新製品の新規部品点数	新製品・サービスの市場提供までのサイクルタイム	製品開発のリードタイム	研究開発要員数	研究開発時間	研究開発資源投入率	商品開発時間比率
									カテゴリー	製品		開発															時間		研究			
									検索キー：新製品			○		○	○					○	○		○	○	○	○	○					
									検索キー：製品			○		○	○	○	○			○	○		○	○	○	○	○	○				
									検索キー：開発		○	○	○	○	○	○	○	○	○	○	○	○	○	○	○	○	○	○	○	○	○	○
									検索キー：設計	○	○	○	○	○	○	○	○	○	○	○	○	○	○	○	○	○	○	○		○	○	
	○	○		1	2	3	販売管理	販売契約管理	見積（販売）		✓																					
	○			1	3	4	販売管理	受注管理	生産枠管理（製品の予約管理）		✓																					
	○			1	4	1	販売管理	製品出荷管理	製品出荷処理																							
	○			1	4	2	販売管理	製品出荷管理	販売運賃計算																							
	○			2	6	4	調達管理	購買/外注管理	外注単価チェック																							
	○			3	1	1	製造	製造計画	年度製造計画	✓																						
	○			3	4	1	製造	品質管理	製品検査																							
			○	3	4	3	製造	品質管理	設計変更	✓									✓													
	○			3	5	2	製造	情報管理	完成入出庫確認																							
	○			4	1	2	在庫管理	入出庫管理	製品倉入																							
	○			5	3	1	物流管理	輸入	輸入発注																							
	○			6	1	1	原価計算	標準/予定原価設定	原価基準設定			✓	✓	✓	✓	✓																
	○			6	2	5	原価計算	実際原価	実際原価の集計			✓	✓	✓	✓	✓																
	○	○	○	7	1	1	開発・設計	製品開発	事業化検討		✓									✓	✓	✓	✓	✓	✓	✓	✓	✓		✓	✓	✓
	○	○	○	7	1	2	開発・設計	製品開発	製品開発計画立案	✓	✓			✓	✓	✓	✓			✓	✓	✓	✓	✓	✓	✓	✓	✓		✓	✓	✓
	○	○	○	7	1	3	開発・設計	製品開発	工程進捗管理	✓				✓	✓	✓	✓			✓	✓	✓	✓	✓	✓	✓	✓	✓		✓	✓	✓
	○	○	○	7	1	4	開発・設計	製品開発	製品設計																							
	○	○	○	7	1	5	開発・設計	製品開発	設備導入																							
	○	○	○	7	1	6	開発・設計	製品開発	試作																✓							
	○	○	○	7	1	7	開発・設計	製品開発	試作品評価																✓							
		○	○	7	2	1	開発・設計	設計見積	見積受付																							
		○	○	7	2	2	開発・設計	設計見積	見積図作成																							
		○	○	7	2	3	開発・設計	設計見積	見積作成																							
		○	○	7	2	4	開発・設計	設計見積	見積回答																							
		○	○	7	3	1	開発・設計	受注設計	受注		✓																					
		○	○	7	3	2	開発・設計	受注設計	設計図書作成																							
		○	○	7	3	3	開発・設計	受注設計	製作図作成																							
		○	○	7	3	4	開発・設計	受注設計	仕様書作成，手配																							
		○	○	7	3	5	開発・設計	受注設計	設計変更	✓									✓													
		○	○	7	3	6	開発・設計	受注設計	品番取得申請										✓							✓						
		○	○	7	3	7	開発・設計	受注設計	顧客承認										✓													
		○	○	7	3	8	開発・設計	受注設計	各種図書作成																							
	○	○	○	7	3	9	開発・設計	受注設計	検査成績書作成																							
		○	○	7	3	10	開発・設計	受注設計	完成図書作成																							
		○	○	7	4	1	開発・設計	出図管理	日程管理	✓					✓			✓	✓	✓												
		○	○	7	4	2	開発・設計	出図管理	出図・変更履歴管理	✓								✓	✓	✓												
		○	○	7	5	1	開発・設計	設計工数管理	設計工数管理			✓	✓					✓	✓	✓												
	○			8	1	2	サービス	クレーム対応	クレーム原因検討	✓																						
		○		10	1	3	管理会計	予算策定	部門別経費予算			✓	✓																✓	✓	✓	✓
		○		10	3	1	管理会計	プロジェクト別費用管理	予算策定			✓	✓																✓	✓	✓	✓
		○		10	3	2	管理会計	プロジェクト別費用管理	予実管理			✓	✓																✓	✓	✓	✓

を整理することで，改善対象業務が戦略や戦術と整合性が取れていることを確認した。

すでに戦略と戦術の関係はひもづけられており，戦術とKPI候補ならびに業務機能候補は「戦略展開フロー」による同時検索機能を使うことによって，ひもづいている。KPI候補と抽出された業務機能候補を関連づけて，実務的に安定してKPIを生成できる業務機能を確認しながら最適なKPIを設定する。KPI候補から最適なKPI設定し，その最適なKPIを安定して生成するための業務機能は何かをひもづけることによって，ひもづけられた業務機能は必要な改善対象業務といえる。

図表6-9はKPI候補と改善対象業務の関連性の検討例の一部を示す。

これは，「新製品」，「製品」，「開発」，「設計」を「検索キー」にした抽出例である。横軸はこの「検索キー」で抽出された業務機能を示す。それぞれの業務機能がどの「検索キー」で抽出されたかは図表にあるそれぞれの「検索キー」の○マークがついている項目で関連性がわかる。

同じく，縦軸はこの「検索キー」で抽出されたKPI候補を示す。それぞれのKPI候補がどの「検索キー」で抽出されたかは図表6-9にあるそれぞれの「検索キー」の○マークがついている項目で関連性がわかる。

たとえば，「新製品の市場投入数」というKPIデータを生成するためには，レベル3の業務機能で「見積もり」，「生産枠管理」，「事業化検討」，「製品開発計画立案」，「受注」の5つの業務機能が関連していることを示している。

4.6 まとめ

本章では，第2章および第3章の考察をベースに，次の3つの課題を設定して考察を進めた。

　課題1．業務プロセス改革プロジェクトで抽出されたKPIは，業務で安定してそのKPIデータを生成することができるか

　課題2．業務プロセス改革プロジェクトにおいて設定した改革対象業務は，

　　　　　改革の実行において優先度が高いと判断できるか
　　課題3．業務改革プロジェクトにおいて，最適なKPIとそのKPIに対する対
　　　　　象業務機能を同時に検討することができるか

　すなわち，今までに考案した「業務機能プール」と「KPIプール」を同時に使うと，当該企業で明示された経営戦略に対して，
　① それを具体的な実行計画に変換すること，すなわち戦術を従来よりも網羅的かつ迅速に整理できる
　② 戦術と関連する改革対象の業務機能候補とKPI候補が同時にかつ的確に抽出できる
という仮説を設定して考察を進めた。
　そして，3つの課題を解決する新手法である「戦略展開フロー」を考案した。具体的には，「業務機能プール」と「KPIプール」を同時に使って，「戦術・KPI・業務機能」のセットを抽出し，業務プロセス改革対象の業務機能候補とKPI候補をひもづけて表示する方法として「戦略展開フロー」を考案した。
　「戦略展開フロー」では，これら3つの課題を検討し，戦略，戦術とKPIならびに改革対象の業務機能を関連づける方法として，KPIと業務機能を関連づけるために，KPIと業務機能を直接関連づけるのではなく，まず，戦術とKPIを関連づけて，次に戦術と業務機能を関連づける方法を検討し，戦略と戦術を相互に対照して関連づける「戦略・戦術マトリックス」を考案することによって戦略，戦術とKPIを関連づけて検討することが可能になった。
　すなわち，課題1と課題2に対しては，まず，「戦略・戦術マトリックス」を用いて，戦略から戦術を抽出する。次に，具体的に抽出し設定された戦術名を「検索キー」にして，戦術からExcelの検索機能を使って，KPI候補と業務機能候補を同時に抽出する方法を考案した。課題3に対しては，KPI候補と業務機能候補を同時に抽出することによって，「戦術・KPI・業務機能」をセットとして整理する事が可能になり，最適なKPIとそのKPIに対する対象業務機能を同時に検討することができた。

第7章 「戦略展開フロー」による業務プロセス改革の事例

7.1 本章の概要

本章では,2つの事例を紹介する。

1つは,「戦略展開フロー」をコンサルタントや企業における業務改革推進メンバーなどを対象とした業務プロセス改革研修(広島銀行,アミックの2社合計で69名が受講)に適用し,受講後の研修受講者の意識をアンケート調査で確認することで,この「戦略展開フロー」の有効性を検証した。

2つ目は,岡山市に本社を置き,芝刈り機や刈払機などの農作業機器を開発・製造・販売・アフターサービスをする中堅の製造業であるカーツ株式会社の事例である。同社が「戦略展開フロー」を活用して経営の方向性を示す戦略を実現するための具体的な戦術を明らかにし,その戦術に関連する最適なKPIならびに業務プロセス改革対象業務の設定を効率的かつ効果的に行った事例である。

7.2 業務プロセス改革研修における「戦略展開フロー」の活用

コンサルタントや企業における業務改革推進メンバーを対象とした業務プロセス改革研修を行うにあたって,「戦略展開フロー」を使った研修プログラムを考案した。研修の目的は,業務プロセス改革のスキルを磨くことである。

7.2.1 業務プロセス改革研修プログラムの設計

研修受講者が，業務プロセス改革プロジェクトを担当できるようになるために，「戦略展開フロー」を用いた研修プログラムを開発し，実施した。

プログラムの開発にあたっては，研修受講者の理解がより深まることを目指して，最初に従来法による研修を行い，その後で「戦略展開フロー」を使って研修を行うプログラムを設計した。その研修の成果は，研修受講者に対するアンケート調査で確認した。アンケート調査は，従来法と「戦略展開フロー」の2つの方法において，それぞれ，

① 理解できたか
② 自信が持てたか

の両面から成果を確認できるように設計にした。

(1) 研修の目的と「戦略展開フロー」活用の狙い

研修の開始にあたって，研修受講者に研修の目的と，その研修に「戦略展開フロー」を活用することの狙いについて，図表7-1に示す資料で説明した。

[図表7-1] 研修の目的と「戦略展開フロー」活用の狙い

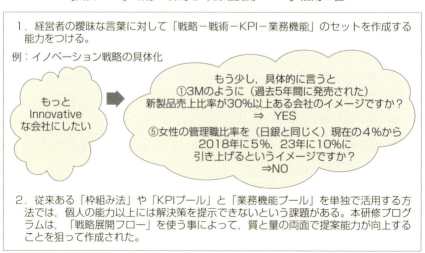

本研修で，研修受講者は，戦略から戦術を展開し，その戦術を遂行するにあたり，最適なKPIを設定すること，および，そのKPIに関連する業務機能候補を抽出して必要な業務機能を設定するという，業務プロセス改革で必要とされる一連のスキルを学ぶ。

また，「戦略展開フロー」法を使う狙いは，「戦略展開フロー」が特に経験の浅い人の育成に効果があると想定されるからである。何故ならば，経営者の曖昧な言葉に対して，戦略や戦術をより具体的なKPIや業務に関連づけて考えることは，経験の浅い研修受講者にとっては，難しいと思われるからである。

しかし，第2章でのべたように，「業務機能プール」を使えば，現状業務の理解と可視化に役立つ。また，第3章でのべたように，「KPIプール」はKPI抽出者の知識や知恵を補助して，より広範囲により深く検討するためのツールであるので，個人の能力の拡大や深化を支援することができると考えられる。そうすると，経験の浅い研修受講者でも，その能力以上に理解が深まり，質と量の両面で提案能力が向上すると期待できるからである。

(2) **研修プログラム**

研修時間の短縮も本研修プログラムの特徴である。日常業務で多忙な人材の研修に多くの時間はさけず，短時間で網羅的な研修内容にする必要がある。そこで，図表7-2に示すとおり，実質5時間程度で理解できることを目指して，研修＃1〜＃6までの研修プログラムを作成した。

図表7-1で示したように，研修の目的は，経営者の曖昧な言葉に対して「戦略―戦術―KPI―業務機能」のセットを作成する能力をつけることである。そこで，経営者の曖昧な言葉から戦略や戦術を具体化するにあたって，2つの異なる経営者像を設定した。すなわち，ケースAは曖昧な言葉，または，イメージで意思を伝えるタイプの経営者を想定した。ケースBは戦術レベルまで具体化して伝えるタイプの経営者を想定した。研修の前半は，ケースAを用いた研修であり，後半はケースBを用いた研修である。

[図表7-2] 研修プログラム

```
◆オリエンテーション
  9：00－9：45   本日の進め方の説明およびケース（X社）の説明
◆ケースAを用いた研修
  9：45－10：30  研修#1  従来法による戦略の展開
 10：30－11：00  研修#2 「戦略展開フロー」による戦術への展開
◆ケースBを用いた研修
 11：00－12：30  研修#3 従来法による戦術からKPI，業務機能への展開
== お昼休憩 ==
 13：00－13：30  研修#4「KPIプール」による戦術からKPIへの展開
 13：30－14：00  研修#5「業務機能プール」による戦術から業務機能への展開
 14：00－15：00  研修#6「戦略展開フロー」による戦術からKPI，業務機能への展開
```

7.2.2 研修のプログラムにおいて，研修受講者に課した課題

次に，研修プログラムの♯1から♯6のそれぞれについて，その概要を示す。

研修のケースを作成するにあたり，自社製品の開発，製造，販売機能を持つ中堅の製造業をケーススタディの対象会社にした。本研修は研修プログラムに示したとおり，ケースAとケースBに分かれている。ケースAは曖昧言葉，または，イメージで意思を伝えるタイプの経営者を想定した。ケースBは戦術レベルまで具体化して伝えるタイプの経営者を想定した。まず，ケースAについて，研修課題を図表7-3に示す。

[図表7-3] ケースAの説明

ケースAの説明

　あなたはX社の経営企画部長です。先ほど社長に呼ばれ，「そろそろ来年度の経営計画を立てようと考えている。うちは，AmazonとかDELLみたいに，もっとSCM（サプライチェーンマネジメント）に強みを持った会社にしたいんだ。事業の達成目標としてどのようなKPI（重要業績指標）を設定し，各部門に対しどのように指示を出すかを考え，経営計画書をまとめてほしい。」と言われました。

　社長は，常日頃からイメージ先行型で，秘書からは，「恐らく具体的には何をしてSCM（サプライチェーンマネジメント）を強化するかのイメージは無いのだと思います。2，3の戦略展開案を持ってきていただければ，その中からイメージを絞り込んでいけると思います。明日には，案を持ってきていただけますでしょうか。」と言われました。

次に，ケースBについて，研修課題を図表7-4に示す。

[図表7-4] ケースBの説明

> あなたはX社の経営企画部員です。先ほど社長に呼ばれ，「そろそろ来年度の経営計画を立てようと考えている。事業の達成目標としてどのようなKPI（重要業績指標）を設定し，各部門に対しどのように指示を出すかを考え，経営計画書をまとめてほしい。」と言われました。
> 　その後に，社長は自分の思いを話しながら，ホワイトボードに要点を書いていきました。
> 「重要なことが3つある。」
> 「まずは，経営の根幹である財務について，キャッシュフローを改善したいと思っている。そのためには，滞りがちな売掛金回収のスピードを上げることと，在庫の削減だ。うちのメンバーは，キャッシュフローの考え方が徹底していないので支払期限を購入月の翌々月の末日などと悠長なことをやっている。あとは，在庫だ。在庫を抱えていることで倉庫代や金利が発生していること，廃棄のリスクを抱えていることなど認識が甘いんだ。」
> 「次は，売上の拡大だ。今のうちの市場は，飽和しつつある。新市場の開拓と，そこに向けた新製品開発のスピードを上げないと，このままでは売り上げが頭打ちになってしまう。」
> 「最後は，やはりコスト削減だな。うちは製造業だから製造コストを集中的に下げて筋肉質のモノづくり集団にしたい。そのためには，平準化生産と外注コストの削減に着手したい。」
> 「以上の内容を踏まえて，経営計画に着手する前に，まず戦術のリストとそのKPI，さらに対象となる社内業務の一覧を今日中に作ってくれ。」

　以下に，それぞれ，#1から#6の研修内容の概要を示す。また，それぞれの課題に対する回答後に，研修受講者に対してアンケート調査を行った。アンケート調査票の設計とアンケートの分析結果は，「7.2.3　業務プロセス改革研修における効果の仮説とアンケート調査票の設計」および「7.2.4　アンケート調査分析による研修結果」に示す。

(1) **研修#1：従来法による戦略の展開**

　ケースAに対して，講師が課題解決の進め方と考え方を示し，次に具体的に課題を課した。課題は，「SCM（サプライチェーンマネジメント）を強化したい」という言葉から想起するいくつかの戦術とその経営管理指標となるKPIを記入するものであり，従来法によって，戦略を具体化する研修である。

(2) 研修#2:「戦略展開フロー」による戦術への展開

　次に，曖昧な表現である戦略から具体的な戦術を展開するにあたって，「戦略展開フロー」を活用する方法を説明し，「戦略展開フロー」を構成する「戦略・戦術マトリックス」を用いて，課題解決への取り組みを課した。課題は，「SCM（サプライチェーンマネジメント）」に関して，「戦略・戦術マトリックス」を使い，対応する戦術を「戦略・戦術マトリックス」から抽出することによって戦略を具体化する研修である。

(3) 研修#3:従来法による戦術からKPI，業務機能への展開

　具体的な戦術として挙げられた中から，「在庫削減」の戦術に対して，具体的なKPI候補の抽出および業務機能候補を抽出する課題を課した。課題は3つあり，1つは，「在庫削減」の達成度を測るKPIを記入するものであり，次は，「在庫削減」に関連する業務機能を抽出する研修である。3つ目は，それぞれ抽出したKPIと，業務機能を対応させて示すものである。いずれも従来法によって，戦術とKPIならびに業務機能を関連づける研修である。

(4) 研修#4:「KPIプール」による戦術からKPIへの展開

　次に，「在庫削減」の戦術に対して，「戦略展開フロー」の構成要素である「KPIプール」を使ってKPI候補を抽出する課題を課した。課題は，「KPIプール」から抽出された「在庫削減」に関するKPI候補から，課題に最適なKPIを選定する研修である。

(5) 研修#5:「業務機能プール」の活用による戦術から業務機能の展開

　次に，「在庫削減」の戦術に対して，「戦略展開フロー」の構成要素である「業務機能プール」を使って業務機能候補を抽出する課題を課した。課題は，「業務機能展開表」から抽出された「在庫削減」に関する業務機能に対して，課題に最適な業務機能を選定する研修である。

(6) 研修#6:「戦略展開フロー」による戦術からKPI,業務機能の展開

　次に,「在庫削減」の戦術を「戦略展開フロー」の構成要素である「KPIプール」,「業務機能プール」を同時に使って,KPI候補と業務機能候補を抽出する課題を課した。課題は3つあり,1つは,研修#4で抽出したKPIのうち,重要と思われるものを選定する研修である。次は,研修#5で抽出した業務機能に対して,課題に最適な業務機能を選定する研修である。3つ目は,それぞれ選定した業務機能と研修#4で抽出した,課題に最適なKPIをセットでまとめる研修である。

7.2.3　業務プロセス改革研修における効果の仮説とアンケート調査票の設計

　今回考案した「戦略展開フロー」が業務プロセス改革の研修に役立つかについて,従来法との比較も含めてアンケート調査を実施した。

(1) **効果の仮説**

　今回開発された「戦略展開フロー」が業務プロセス改革の研修に役立つかについて,従来法との比較も含めて以下の4つの仮説を設定して,アンケート調査票を設計した。

　仮説1:「戦略・戦術マトリックス」は,戦略を戦術にブレークダウンしようとする者にとって,従来実務で用いられている方法と比較して,量と質の両面で有効である。

　仮説2:「戦略展開フロー」は,戦術からその成果を測定するKPIを導こうとする者にとって,従来実務で用いられている方法と比較して,量と質の両面で有効である。

　仮説3:「戦略展開フロー」は,戦術からその対象業務を導こうとする者にとって,従来実務で用いられている方法と比較して,量と質の両面で有効である。

　仮説4:「戦略展開フロー」は,整合性のある「戦略・戦術・KPI・業務機能」のセットを導こうとする者にとって,従来実務で用いられてい

る方法と比較して，質と質の両面で有効である。

(2) アンケート調査票の設計

次に4つの仮説を検証するアンケート調査票を図表7-5に示す。

[図表7-5] 研究仮説とアンケート調査票の関係

仮説	手法	アンケートNO.	質問NO.	質問
仮説1 『戦略・戦術マトリックス』は，戦略を戦術にブレークダウンしようとする者にとって，従来実務で用いられている方法と比較して，量と質の両面で有効である。	従来法	#1	1	「戦略－戦術」を関連付けて整理することができましたか？
			2	「戦略－戦術」の関連付けにおいて，自分が出した結果がよくできていると自信を持てていますか？
			3	「戦術－KPI」を関連付けて整理することができましたか？
			4	「戦術－KPI」の関連付けにおいて，自分が出した結果がよくできていると自信を持てていますか？
	戦略展開フロー	#2	1	戦略・戦術マトリックスは「戦略－戦術」を関連付けて整理する時に思考をより広く，より深く理解するのに役立ちましたか？
			3	上記に関し，自分が出した結果がよくできていると自信を持てていますか？
仮説2 『KPI・業務機能抽出システム』は，戦術からその成果を計測するKPIを導こうとする者にとって，従来実務で用いられている方法と比較して，量と質の両面で有効である。	従来法	#3	1	「戦術－KPI」を関連付けて整理することができましたか？
			2	上記に関し，自分が出した結果がよくできていると自信を持てていますか？
	戦略展開フロー	#4	1	「戦術－KPI」を関連付けて整理することができましたか？
			2	上記に関し，自分が出した結果がよくできていると自信を持てていますか？
仮説3 『KPI・業務機能抽出システム』は，戦術からその該当業務を導こうとする者にとって，従来実務で用いられている方法と比較して，量と質の両面で有効である。	従来法	#3	3	「KPI－業務機能」を関連付けて整理することができましたか？
			4	上記に関し，自分が出した結果がよくできていると自信を持てていますか？
	戦略展開フロー	#5	1	「戦術－業務機能」を関連付けて整理することができましたか？
			2	上記に関し，自分が出した結果がよくできていると自信を持てていますか？
仮説4 『KPI・業務機能抽出システム』は，整合性のある「戦略・戦術・KPI・業務機能」のセットを導こうとする者にとって，従来実務で用いられている方法と比較して，質と質の両面で有効である。	戦略展開フロー	#6	1	「戦術－KPI－業務機能」を関連付けて整理することができましたか？
			2	上記に関し，自分が出した結果がよくできていると自信を持てていますか？
	比較	#6	3	課題#6では，課題#3と比較して「戦術－KPI－業務機能」を関連付けて整理することができましたか？
			4	課題#6では，課題#3と比較して，自分が出した結果がよくできていると自信を持てていますか？

研修による結果は2つの方法で検証することとした。図表7-6に実際のアンケート調査票を示す。

1つ目は主観的な出来栄えの評価である。ツールや思考法は，使った結果，整理がうまくできることが重要である。うまく整理できたかどうかを7段階の自己評価方式で測定する。図表7-6では，網掛けをしていない質問が該当する。

2つ目は，その結果を活用するにあたり，自信が持てているか否かを問うものである。整理された結果は，経営者との対話のベースとなるため，作成されたものに自信を持てるかが重要であり，同じく7段階の自己評価方式で測定する。図表7-6では，網掛けをした質問が該当する。

[図表7-6] アンケート調査用紙＃1における2種類の問いかけのパターン
—アンケート調査＃1の質問1, 2, 3, 4を示す—

アンケート項目	数値基準	解答欄：数字を記入ください
「戦略－戦術」を関連付けて整理することができましたか？	1 2 3 4 5 6 7 全くできなかった　どちらともいえない　精度よく関連付けられた	
「戦略－戦術」の関連付けにおいて，自分が出した結果がよくできていると自信を持てていますか？	1 2 3 4 5 6 7 全くできなかった　どちらともいえない　精度よく関連付けられた	
「戦術－KPI」を関連付けて整理することができましたか？	1 2 3 4 5 6 7 全くできなかった　どちらともいえない　精度よく関連付けられた	
「戦術－KPI」の関連付けにおいて，自分が出した結果がよくできていると自信を持てていますか？	1 2 3 4 5 6 7 全くできなかった　どちらともいえない　精度よく関連付けられた	

7.2.4 アンケート調査分析による研修結果

研修でのアンケート調査結果について以下の分析を行った。

(1) **全データの相関分析**

取得した全データについて，SPSSによる相関分析を行ったが，その結果，

互いに相関が認められるデータ群のみを示すと図表7-7のようになった。これらのデータについてより詳しく分析していくことにした。

[図表7-7] 研修受講者属性とアンケート調査結果の相関分析
―SPSSによる分析結果から分析対象項目を選択した―

アンケート NO.	質問 NO.	アンケートNO. 質問NO.	#0 社会人経験	#0 業務機能の個数	#1 1	#1 2	#1 3	#2 1	#2 3	#3 1	#3 3	#4 1	#5 1	#6 1	#6 3
#0 社会人経験		Pearsonの相関係数 有意確率（両側） N	1 69												
#0 業務機能の個数		Pearsonの相関係数 有意確率（両側） N	.408** .001 69	1 69											
#1	1	Pearsonの相関係数 有意確率（両側） N	.325** .006 69	.298* .013 69	1 69										
#1	2	Pearsonの相関係数 有意確率（両側） N	.397** .001 69	.357** .003 69	.827** 0.000 69	1 69									
#1	3	Pearsonの相関係数 有意確率（両側） N	.330** .006 69	.258* .033 69	.858** 0.000 69	.788** 0.000 69	1 69								
#2	1	Pearsonの相関係数 有意確率（両側） N	.325** .007 69	.051 .679 69	.189 .121 69	.131 .282 69	.202 .096 69	1 69							
#2	3	Pearsonの相関係数 有意確率（両側） N	.282* .019 69	-.008 .951 69	.341** .004 69	.263* .029 69	.264* .028 69	.537** 0.000 69	1 69						
#3	1	Pearsonの相関係数 有意確率（両側） N	.349** .003 69	.277* .021 69	.666** 0.000 69	.547** 0.000 69	.668** 0.000 69	.169 .165 69	.251* .037 69	1 69					
#3	3	Pearsonの相関係数 有意確率（両側） N	.264* .028 69	.374** .002 69	.511** 0.000 69	.525** 0.000 69	.613** 0.000 69	.178 .143 69	.049 .687 69	.731** 0.000 69	1 69				
#4	1	Pearsonの相関係数 有意確率（両側） N	.189 .120 69	-.020 .871 69	.240* .047 69	.162 .184 69	.249* .039 69	.633** 0.000 69	.505** .000 69	.393** .001 69	.333** .005 69	1 69			
#5	1	Pearsonの相関係数 有意確率（両側） N	.219 .070 69	-.048 .694 69	.240* .047 69	.233 .054 69	.255* .035 69	.670** 0.000 69	.538** 0.000 69	.301* .012 69	.200 .100 69	.827** 0.000 69	1 69		
#6	1	Pearsonの相関係数 有意確率（両側） N	.235 .052 69	.065 .594 69	.238* .049 69	.194 .110 69	.186 .125 69	.528** 0.000 69	.380** .001 69	.345** .004 69	.272* .024 69	.820** 0.000 69	.752** 0.000 69	1 69	
#6	3	Pearsonの相関係数 有意確率（両側） N	.165 .176 69	-.014 .910 69	.108 .376 69	.089 .468 69	.043 .725 69	.500** .000 69	.379** .001 69	.255* .035 69	.088 .473 69	.700** 0.000 69	.719** 0.000 69	.825** 0.000 69	1 69

＊＊：相関係数は1％水準で有意（両側）
＊　：相関係数は5％水準で有意（両側）

(2) 研修受講者のカテゴリー

　研修受講者を何らかの基準でカテゴリーに分けるにあたって，研修の内容は製造業の業務に関する設問で構成しているので，より多くの業務経験をした研修受講者とそうでない研修受講者で差があると考えられる。また，業務経験は社会人経験年数と何らかの関係があると考えられる。

　業務個数は事前に準備した51の業務機能から経験した業務機能を選択して，その数を業務個数とした。社会人経験は0-5年，6-10年，11-15年，16-20年，21-25年，26-30年，31-35年，36年以上の8段階で該当する年数を選択し，それぞれ1から8までの数字で表した。実際にSPSSの相関分析では，社会人経験年数と業務個数の間には相関係数が0.408で有意確率（両側）が0.001で相関係数は1％水準で有意である。

　そこで，経験した業務個数で3つのカテゴリーに分けた。すなわち経験した業務個数が0から4までの研修受講者を新人とし，経験した業務個数が5から9までの研修受講者を中堅，同じく10以上（41まで）をベテランとした。図表7-8は3つのカテゴリーの比較を示す。

　研修受講者のカテゴリーを経験した業務機能の個数で分けたことは，今回の研修の主旨（知識と経験の幅を広げ，深く考えて知恵を出す）と整合している

[図表7-8] 研修受講者の3つのカテゴリーの比較

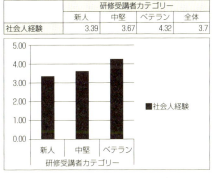

と考えられる。そのように区分したカテゴリー間では，社会人経験（年数）には大きな差がないという結果になった。これは，同じ部署に留まっておれば，社会人経験が長くても経験した業務の数は増えないし，一方，社会人としての年数が少なくても異動により多くの業務を経験することは大いに考えられる。

(3) アンケート調査結果に対する記述統計分析

新人，中堅，ベテラン，全体に分けて，アンケート調査結果の平均値と標準偏差を図表7-9に示す。

図表7-9の網掛けはそれぞれのカテゴリーで平均値の高い5項目を示す。全体で最も高い評価は質問項目＃-1で，平均値が5.75であった。戦略から戦術を具体化する支援ツールとしての「戦略・戦術マトリックス」の支援機能が高く評価されている。2番目は質問項目＃6-3で，平均値が5.25であった。「戦略展開フロー」が従来法に比較して「戦術―KPI―業務機能」を関連づけて整理できることを高く評価している。3番目は質問項目＃6-1で平均値が5.04であった。同じく「戦略展開フロー」そのものが「戦術―KPI―業務機能」を関連づけて整理できることを高く評価している。4番目は＃5-1で平均値が4.91であった。「戦略展開フロー」そのものが戦術と業務機能を関連づけて整理できることを高く評価している。以上は全体でも上位4項目であると同時にすべてのカテゴリーで上位5項目に入っている。

以上の記述統計分析の結果から，研修受講者は「戦略展開フロー」が従来法に比較して戦略から戦術へ，さらにKPI候補の抽出，業務機能の抽出とそれらを関連づけて整理できることを高く評価していることが分かる。

以下では，事前に設定した4つの仮説についての考察を述べる。

(4) 仮説1について：「戦略・戦術マトリックス」に対する研修受講者の回答結果

『仮説1：「戦略・戦術マトリックス」は，戦略を戦術にブレークダウンしようとする者にとって，従来より，実務で用いられている方法と比較して，量と質の両面で有効である』という仮説に対する質問の結果を図表7-10に示す。

第7章 「戦略展開フロー」による業務プロセス改革の事例　141

[図表7-9] アンケート調査結果の記述統計分析

仮説	手法	アンケートNO.	質問NO.	質問	新人 平均	新人 標準偏差	中堅 平均	中堅 標準偏差	ベテラン 平均	ベテラン 標準偏差	全体 平均	全体 標準偏差
仮説1 『戦略・戦術マトリックス』は、戦略を戦術にブレークダウンしようとする者にとって、従来実務で用いられている方法と比較して、量と質の両面で有効である。	従来法	#1	1	「戦略-戦術」を関連付けて整理することができましたか？	2.76	1.36	3.33	1.23	3.84	1.57	3.16	1.46
			2	「戦略-戦術」の関連付けにおいて、自分が出した結果がよくできていると自信を持てていますか？	2.05	1.35	2.50	1.00	3.11	1.59	2.42	1.43
			3	「戦術-KPI」を関連付けて整理することができましたか？	2.76	1.53	3.17	1.11	3.58	1.54	3.06	1.49
			4	「戦術-KPI」の関連付けにおいて、自分が出した結果がよくできていると自信を持てていますか？	1.89	1.29	2.42	1.16	2.74	1.33	2.22	1.32
	戦略展開フロー	#2	1	戦略・戦術マトリックスは「戦略-戦術」を関連付けて整理する時に思考をより広く、より深く理解するのに役立ちましたか？	5.87	1.19	5.58	1.38	5.63	1.38	5.75	1.26
			3	上記に関し、自分が出した結果がよくできていると自信を持てていますか？	3.87	1.77	3.92	1.44	3.74	1.33	3.84	1.59
仮説2 『KPI・業務機能抽出システム』は、戦術からその成果を計測するKPIを導こうとする者にとって、従来実務で用いられている方法と比較して、量と質の両面で有効である。	従来法	#3	1	「戦術-KPI」を関連付けて整理することができましたか？	3.76	1.36	4.33	1.30	4.37	1.26	4.03	1.34
			2	上記に関し、自分が出した結果がよくできていると自信を持てていますか？	2.89	1.29	3.50	1.31	3.47	1.47	3.16	1.36
	戦略展開フロー	#4	1	「戦術-KPI」を関連付けて整理することができましたか？	3.55	1.33	4.08	1.38	4.58	1.17	3.93	1.35
			2	上記に関し、自分が出した結果がよくできていると自信を持てていますか？	2.84	1.39	3.33	1.50	3.63	1.42	3.14	1.44
仮説3 『KPI・業務機能抽出システム』は、戦術からその該当業務を導こうとする者にとって、従来実務で用いられている方法と比較して、量と質の両面で有効である。	従来法	#3	3	「KPI-業務機能」を関連付けて整理することができましたか？	4.95	1.04	5.00	1.04	4.47	1.58	4.83	1.21
			4	上記に関し、自分が出した結果がよくできていると自信を持てていますか？	4.18	1.37	4.17	1.34	3.84	1.46	4.09	1.38
	戦略展開フロー	#5	1	「戦術-業務機能」を関連付けて整理することができましたか？	5.11	1.03	5.00	1.13	4.47	1.39	4.91	1.17
			2	上記に関し、自分が出した結果がよくできていると自信を持てていますか？	4.37	1.24	4.08	1.31	4.11	1.45	4.25	1.31
仮説4 『KPI・業務機能抽出システム』は、整合性のある「戦略・戦術・KPI・業務機能」のセットを導こうとする者にとって、従来実務で用いられている方法と比較して、質と質の両面で有効である。	戦略展開フロー	#6	1	「戦術-KPI-業務機能」を関連付けて整理することができましたか？	5.11	1.16	5.00	1.21	4.95	1.35	5.04	1.21
			2	上記に関し、自分が出した結果がよくできていると自信を持てていますか？	4.34	1.38	4.17	1.40	4.11	1.45	4.25	1.39
	比較	#6	3	課題#6では、課題#3と比較して「戦術-KPI-業務機能」を関連付けて整理することができましたか？	5.42	0.98	5.25	1.22	4.89	1.37	5.25	1.14
			4	課題#6では、課題#3と比較して、自分が出した結果がよくできていると自信を持てていますか？	5.00	1.14	4.92	1.56	4.32	1.29	4.80	1.28

•142

　図表7-10の上段には，従来法で行った研修の結果をアンケート調査＃1-1「戦略-戦術」を関連付けて整理することができましたか？」の問いかけに対する7段階の回答とアンケート調査＃2-1「戦略・戦術マトリックス」は戦略-戦術を関連付けて整理する時に思考をより広く，より深く理解するのに役立ちましたか？」の問いかけに対するそれぞれの平均値と，7段階の回答の差分（増分）を示す。

　図表7-10の下段には，従来法で行った研修の結果をアンケート調査＃1-2「戦略-戦術の関連付けにおいて，自分が出した結果がよくできていると自信を持てていますか？」の問いかけに対する7段階の回答とアンケート調査＃2-3「上記に関し，自分が出した結果がよくできていると自信を持てていますか？」の問いかけに対するそれぞれの平均値と，7段階の回答の差分（増分）を示す。

　上段の整理・理解についての問いかけに対して，回答の絶対値では，従来法

[図表7-10]「戦略・戦術マトリックス」に対する研修受講者の回答結果

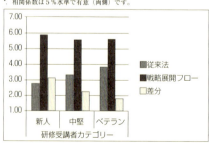
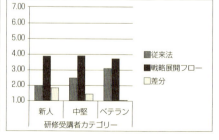

に比較して「戦略展開フロー」はいずれのカテゴリーでも高い評価になっている。従来法は全体の平均値が3.16で，中心値が4.00であるので，全体には理解が高いとは言えない。

一方，「戦略展開フロー」では，全体の平均値が5.75で，いずれのカテゴリーでも理解ができていると回答している。従来法ではよく整理できない課題も「戦略展開フロー」を使うとよく整理できることがわかった。特に新人の場合は従来法が2.76であるのに対して，「戦略展開フロー」では5.87と高い評価になっている。

差分では，新人，中堅，ベテランの順に差分が大きく，「戦略展開フロー」の活用の効果があることがわかった。

すなわち，戦略を具体的な戦術に展開するにあたり，「戦略展開フロー」は従来法に比較して，研修受講者の能力の拡大と深化に役立つ。その効果は新人，中堅，ベテランの順に大きいことがわかった。

下段の自信が持てたかという問いかけに対して，回答の絶対値では，従来法に比較して「戦略展開フロー」はいずれのカテゴリーでも高い評価になっている。従来法は平均値全体の平均値が2.42で，中心値が4.00であるので，全体には自信が持てていないことがわかる。

一方，「戦略展開フロー」では，全体の平均値が3.84で，いずれのカテゴリーでも中心地に近い評価の回答が得られている。従来法ではよく整理できない課題も「戦略展開フロー」を使うと結果に自信が持てることがわかった。特に新人の場合は従来法が2.04で，中心値の4.00の半分であるのに対して，「戦略展開フロー」では3.87中心値に近い評価になっている。

差分では，新人，中堅，ベテランの順に差分が大きく，「戦略展開フロー」の活用の効果があることがわかった。

すなわち，戦略を具体的な戦術に展開するにあたり，「戦略展開フロー」は従来法に比較して，研修受講者が結果に対して自信が持てることがわかり，その効果は新人,中堅，ベテランの順に大きいことがわかった。

しかし，自信が持てたかという問いかけに対しては，実際に結果を経営者にプレゼンテーションを行うことを想定して研修事例を作成したことにより，プ

レゼンテーションの対象者である経営者の理解および納得を得るという研修受講者自身の理解以外の要素が加味された可能性がある。

(3) 仮説2について：戦術からKPIを抽出する手法に対する研修受講者の回答結果

『仮説2：「戦略展開フロー」は，戦術からその成果を計測するKPIを導こうとする者にとって，従来実務で用いられている方法と比較して，量と質の両面で有効である』という仮説に対する研修受講者の回答結果を図表7-11に示す。

[図表7-11] 戦術からKPIを抽出する手法に対する研修受講者の回答結果

アンケートNO.	質問NO.	質問	比較対象手法	研修受講者カテゴリー			
				新人	中堅	ベテラン	全体
♯1	3	「戦術-KPI」を関連付けて整理することができましたか？	従来法	2.76	3.17	3.58	3.06
♯4	1	「戦術-KPI」を関連付けて整理することができましたか？	戦略展開フロー	4.95	5.00	4.47	4.83
			差分	2.18	1.83	0.89	1.77

	アンケートNO.	♯1	♯4
	質問NO.	3	1
差分	Pearsonの相関係数	−.420**	.487**
	有意確率（両側）	.000	.000
	N	69	69

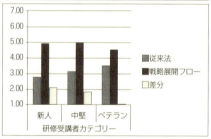

回答の絶対値では，従来法に比較して「戦略展開フロー」はいずれのカテゴリーでも高い評価になっている。従来法は研修受講者全体の平均値が3.06で，全体に理解が高いとは言えない。

一方，「戦略展開フロー」では，全体の平均値が4.83で，いずれのカテゴリーでも理解ができていると回答している。従来法ではよく整理できない課題も「戦略展開フロー」を使うとよく整理できることがわかった。特に新人の場合

は従来法が2.76であるのに対して,「戦略展開フロー」では4.95であり,ほぼ2倍の高い評価になっている。

差分では,新人,中堅,ベテランの順に差分が大きく,「戦略展開フロー」の活用の効果があることがわかった。

すなわち,戦略からKPIを抽出し,関連づけて整理するにあたり,「戦略展開フロー」は従来法に比較して,研修受講者の能力の拡大と深化に役立つ。その効果は新人,中堅,ベテランの順に大きいことがわかった。この傾向は仮説1の場合と同じである。

(4) **仮説3について:戦術から対象業務を抽出する手法に対する研修受講者の回答結果**

『仮説3:「戦略展開フロー」は,戦術からその対象業務を導こうとする者にとって,従来実務で用いられている方法と比較して,量と質の両面で有効である』という仮説に対する研修受講者の回答結果を図表7-12に示す。

[図表7-12] 戦術から対象業務を抽出する手法に対する研修受講者の回答結果

アンケートNO.	質問NO.	質問	比較対象手法	研修受講者カテゴリー			
				新人	中堅	ベテラン	全体
#3	3	「KPI-業務機能」を関連付けて整理することができましたか?	従来法	3.55	4.08	4.58	3.93
#5	1	「戦術-業務機能」を関連付けて整理することができましたか?	戦略展開フロー	5.11	5.00	4.47	4.91
			差分	1.55	0.92	(0.11)	0.99

	アンケートNO.	#3	#5
	質問NO.	3	1
差分	Pearsonの相関係数	-.698**	.562**
	有意確率(両側)	.000	.000
	N	69	69

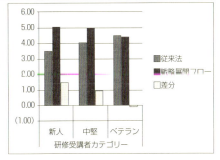

回答の絶対値では，従来法に比較して「戦略展開フロー」は新人と中堅で高い評価になっている。一方，ベテランにおいては，従来法がわずかに高い評価になっている。従来法は全体の平均値が3.94で，全体には理解が高いとは言えない。

　一方，「戦略展開フロー」では，全体の平均値が4.91で，いずれのカテゴリーでも理解ができていると回答している。従来法ではよく整理できない課題も「戦略展開フロー」を使うとよく整理できることがわかった。特に新人の場合は従来法が3.55であるのに対して，「戦略展開フロー」では5.11であり，高い評価になっている。

　差分では，新人，中堅，ベテランの順に差分が大きく，上述のとおり，ベテランでは従来法が高い評価になっている。

　すなわち，戦略からKPIを抽出し，関連づけて整理するにあたり，「戦略展開フロー」は従来法に比較して，研修受講者の能力の拡大と深化に役立つ。その効果は新人，中堅，ベテランの順に大きいことがわかった。この傾向は仮説1の場合と同じである。

　ベテランの場合は従来法に高い評価をしていることについて，本研修において従来法では，戦術からKPIを検討し，そのKPIを抽出する業務機能を検討した。一方，「戦略展開フロー」では，戦術から直接，業務機能を抽出した。ベテランは経験した業務の個数でカテゴリー化したので，より業務に精通したベテランにとっては知識として知っていることにより，「戦略展開フロー」の効果を感じなかったと想定される。

　「戦略展開フロー」は業務機能候補を抽出するにあたり，従来法に比較して，新人や中堅などのより業務経験の少ない研修受講者の能力を高める支援法といえる。

(5)　仮説4：戦術から対象業務を抽出する手法に対する研修受講者の回答結果

　仮説4：「戦略展開フロー」は，整合性のある「戦術・KPI・業務」のセットを導こうとする者にとって，従来実務で用いられている方法と比較して，質と質の両面で有効であるという仮説に対する研修受講者の回答結果を図表

[図表7-13] 戦術・KPI・業務機能のセットを作成する手法に対する
研修受講者の回答結果

アンケートNO.	質問NO.	質問	比較対象手法	被験者カテゴリー			
				新人	中堅	ベテラン	全体
#3	1	「戦術-KPI」を関連付けて整理することができましたか？	従来法2	3.76	4.33	4.37	4.03
#3	3	「KPI-業務機能」を関連付けて整理することができましたか？	従来法	3.55	4.08	4.58	3.93

従来法の平均値	比較対象手法	被験者カテゴリー			
		新人	中堅	ベテラン	全体
(#3-1)と(#3-3)の平均値	従来法	3.66	4.21	4.47	3.98

アンケートNO.	質問NO.	質問	比較対象手法	被験者カテゴリー			
				新人	中堅	ベテラン	全体
#6	1	「戦術-KPI-業務機能」を関連付けて整理することができましたか？	戦略展開フロー	5.11	5.00	4.95	5.04

「戦略展開フロー」と従来法の平均値の差分	比較対象手法	被験者カテゴリー			
		新人	中堅	ベテラン	全体
(#6-1)-{(#3-1)と(#3-3)の平均値}	「戦略展開フロー」と従来法の比較	3.66	4.21	4.47	3.98

アンケートNO.	質問NO.	質問	比較対象手法	被験者カテゴリー			
				新人	中堅	ベテラン	全体
#6	3	課題#6では、課題#3と比較して「戦術-KPI-業務機能」を関連付けて整理することができましたか？	従来法と戦略展開フローの比較	5.42	5.25	4.89	5.25

7-13に示す。

上段は，「戦術―KPI―業務機能」を関連付けて整理する場合の従来法と「戦略展開フロー」を比較しようとしたものである。

従来法では，戦術からKPI候補を抽出し，そのKPIのデータを生成する時に関連する業務機能候補を抽出し整理するのに対して，「戦略展開フロー」では，

戦術からKPI候補と業務機能候補を同時に抽出する。したがって，アンケート調査分析においては戦術とKPIを関連づける（＃3の1）こととKPIと業務機能を関連づける（＃3の3）の2段階のアンケート調査結果を統合（＃3の1＋3）し，その結果を「戦略展開フロー」法と比較した。

　回答の絶対値では，従来法に比較して「戦略展開フロー」はいずれのカテゴリーでも高い評価になっている。従来法は全体の平均値が3.98で，中心値が4.00であるので，全体には理解が高いとは言えないが，ベテラン，中堅，新人の順に理解が高いことがわかる。

　一方，「戦略展開フロー」では，全体の平均値が5.04で，いずれのカテゴリーでも理解ができていると回答しており，その特徴はカテゴリー間で差が小さいことである。従来法ではよく整理できない課題も「戦略展開フロー」を使うと新人も中堅もベテランも同じく理解が高まり，よく整理できることがわかった。特に新人の場合は従来法が3.66であるのに対して，「戦略展開フロー」では5.11であり，高い評価になっている。

　差分では，新人，中堅，ベテランの順に差分が大きく，新人に対してより役立つことがわかった。すなわち，戦略からKPIを抽出し，関連づけて整理するにあたり，「戦略展開フロー」は従来法に比較して，研修受講者の能力の拡大と深化に役立つ。その効果は新人，中堅，ベテランの順に大きいことがわかった。この傾向は仮説1～3の場合と同じである。

　下段は，最終的なアウトプットである「戦術―KPI―業務機能」を関連付けて整理するにあたり，従来法に比較して「戦略展開フロー」の役立ちについて聞いたものである。その結果，平均値は5.25であり，高い評価をしている。また，この全体評価では，新人，中堅，ベテランの間の差が小さいという結果が出ている。すなわち，従来法に比較して「戦略展開フロー」はすべてのカテゴリーで研修受講者の能力を高める支援法といえる。

(6)　研修における「戦略展開フロー」に対する研修受講者の回答結果のまとめ

　「戦略展開フロー」の有効性を検証する4つの仮説，すなわち，

　仮説1：「戦略・戦術マトリックス」は，戦略を戦術にブレークダウンしよ

うとする者にとって，従来実務で用いられている方法と比較して，量と質の両面で有効である。

仮説2：「戦略展開フロー」は，戦術からその成果を計測するKPIを導こうとする者にとって，従来実務で用いられている方法と比較して，量と質の両面で有効である。

仮説3：「戦略展開フロー」は，戦術からその対象業務を導こうとする者にとって，従来実務で用いられている方法と比較して，量と質の両面で有効である。

仮説4：「戦略展開フロー」は，整合性のある「戦略・戦術・KPI・業務」のセットを導こうとする者にとって，従来実務で用いられている方法と比較して，質と質の両面で有効である。

に対して，いずれの場合も絶対値で比較して「戦略展開フロー」が従来法に比較して高い評価を獲得した。さらに，差分では，従来法と比較して，「戦略展開フロー」を用いた場合には，新人，中堅，ベテランの順に高い評価を獲得した。

このことにより，「戦略展開フロー」は特に新人や中堅に対してその効果が大きく，今後は業務改革プロジェクトのみでなく，人材育成のための研修にも適用できる可能性があるといえる。

7.3 中堅製造業における「戦略展開フロー」の適用事例

カーツ株式会社は岡山市に本社を置き，芝刈り機や刈払機などの農作業機器を開発・製造・販売・アフターサービスをする中堅の製造業である。Made in Japanを理念に掲げ，高品質の製品を全量国内生産し，欧州をはじめとして，売上高の80％を海外で販売している。

同社は，3年間の中期経営計画最終年度にあたり，次年度から始まる次期中期経営計画を策定するための指針をつくることにした。そして，その指針を作成するにあたって，「戦略展開フロー」を活用して，短期間で「戦術・KPI・

業務プロセス改革対象業務」のセットをつくることとした。

すなわち，同社の経営の方向性を示す戦略を実現するための具体的な戦術を明らかにし，その戦術に関連する最適なKPIを設定する。そのKPIを使ってPDCAを回すための業務プロセス改革対象業務を設定する。下期から始まる中期経営計画策定作業の中で，業務プロセス改革の実行計画を策定する。

以下に，その「業務改革検討ガイド」を作成するその取り組みと活動の成果について述べる。

7.3.1　適用した手法とプロジェクトの推進計画

中期経営計画を構成する数値計画については，同社は以前より繰り返し実施しており，策定方法に関する課題はないと考えた。すなわち，上期の実績値と下期の見込地を参考にして，今期の着地計画を作り，その着地計画をもとにして次期中期経営計画の数値計画をつくることである。

一方，経営幹部は，次期中期経営計画を策定するための課題として，経営者や経営幹部の考えている戦略の方向性を確認し，その戦略を具体化した戦術に展開して，その戦術を実現するためのKPIと業務プロセス課題を明確にすることが重要であると考えた。すなわち，上半期では，数値計画ではなく，中期経営計画で討議すべき事業の方向性や経営者の戦略を実現する戦術とその戦術の実行と実行の結果の経営成果を管理するためのKPIを具体化する。さらにその戦術を実行するための業務プロセスを具体化した「業務改革検討ガイド」を策定する。下半期では，その指針に従って，次年度より始まる3年間の次期中期経営計画を策定することにした。

(1)　**取り組み方針**

同社は，「業務改革検討ガイド」を作成するにあたって，「戦略展開フロー」を活用して，短期間で「戦術・KPI・業務プロセス改革対象業務」のセットをつくることとした。

その理由は，経営者だけでなく，中期経営計画策定にかかわる中堅幹部も日常業務で多忙であり，「業務改革検討ガイド」を策定するために必要な参画時

間を確保できない。特に，外部のコンサルタントとスケジュールを合わせてインタビューやそれに伴う情報収集，さらに必要な討議などの時間を捻出するのは困難であると判断した。

実際に，プロジェクトを推進するにあたって，外部のコンサルタントが同社で業務を行う場合に，打ち合わせ等の調整ができなくて，空き時間が生じてもコンサルティングフィーが発生して，無駄な出費がかさむことになる。このような無駄は同社だけでなく，コンサルタントにとっても無駄な時間であり，効率の悪いプロジェクトになってしまう。

そこで，「戦略展開フロー」を使って，効率的に本プロジェクトを推進するプログラムを策定して進めることにした。すなわち，同社の経営の方向性を示す戦略を実現するための具体的な戦術を明らかにし，その戦術に関連する最適なKPIを設定する。そのKPIを使ってPDCAを回すための業務プロセス改革対象業務を設定する。この一連の作業を「戦略展開フロー」を使って行う。下期から始まる中期経営計画策定作業の中で，業務プロセス改革の実行計画を策定する。

以下に，その「業務改革検討ガイド」を作成するプログラムについて述べる。

(2) プロジェクトの推進プログラム

同社は「戦略展開フロー」を用いて，2カ月で「業務改革検討ガイド」を作成するためのプロジェクトを発足させた。そのプロジェクトの推進プログラムを図表7-14に模式図で示す。

図表7-14に示した中期経営計画策定ガイドの作成計画の特徴は以下のとおりである。

① 既存の戦略や戦術を明らかにするにあたって，図表7-14の『(1)既存の資料から戦術とKPIを抽出する』に示すとおり，過去の経営会議資料から戦略や戦術名を抽出し，既存の管理帳表からKPIを抽出する作業を行った。

　これらの作業は，同社から必要な資料を受領し，その資料を基にしてコンサルタントが独自に作業を進めることができる。これによって，同社のプロジェクト関係者とコンサルタントが，作業推進のためのスケジュール

[図表7-14]「戦略展開フロー」による推進プログラム

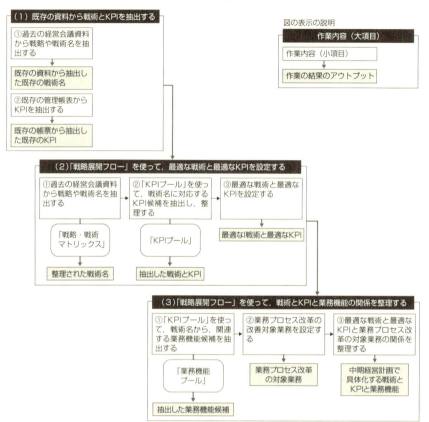

を調整する必要がなくなった。さらに、この作業はベテランのコンサルタントではなく、経験の浅いコンサルタントでできる作業であり、同社にとってもコンサルタントにとっても双方に費用面で大きな利点のある取り組みであった。

② 具体的な戦術を明らかにし、その戦術に関連する最適なKPIを設定するにあたって、図表7-14の『(2)「戦略展開フロー」を使って、最適な戦術と最適なKPIを設定する』に示すとおり、「戦略展開フロー」の「戦略・戦術マトリックス」を使って、戦術名を抽出し、さらに、「KPIプール」を使って、その戦術名に対応するKPI候補を抽出し、整理した。

この結果，抽出し整理した戦術名とKPI候補をコンサルタントと経営幹部が討議し，最適な戦術と最適なKPIを設定する作業を行った。この一連の作業において，同社のプロジェクト関係者とコンサルタントが，スケジュール調整して，一緒に討議を行ったのは，図表7-14の『(2)「戦略展開フロー」を使って，最適な戦術と最適なKPIを設定する』作業の中の「③最適な戦術と最適なKPIを設定する」作業のみである。

③　業務プロセス改革対象業務を設定するにあたって，図表7-14の『(3)「戦略展開フロー」を使って，戦術とKPIと業務機能の関係を整理する』に示すとおり，まず，「KPIプール」を使って，戦術名から，関連する業務機能候補を抽出した。

　この結果，その業務機能候補をもとにして，コンサルタントと経営幹部が討議し，業務プロセス改革の改善対象業務を設定した。これらの作業により，最適な戦術と最適なKPIと業務プロセス改革の対象業務の関係を整理することができた。

以下に，その「業務改革検討ガイド」を作成するプログラムの作業内容について，具体的な取り組み内容を示す。

7.3.2　取り組み内容

　図表7-14に模式図で示した，「業務改革検討ガイド」を作成するプログラムの作業内容は以下のとおりである。

(1)　既存の資料から戦術とKPIを抽出する

　過去の経営会議資料から戦略や戦術名を抽出し，既存の管理帳表からKPIを抽出する作業を行った。

　今回のプロジェクトでは，短期間で経営幹部が納得できる「業務改革検討ガイド」を作成する必要がある。そこで，戦略や戦術の抽出においては，過去2年間に実施した重点実施項目を抽出した。具体的には，経営者が販売会議や生産会議や開発会議で述べた言葉や方針ならびに指示事項などを抽出して整理した。この作業はスタッフでできるだけでなく，経営幹部との打ち合わせ等も不

要なので，スケジュール調整などの手間が不要である。

　図表7-15に，過去2年間の取り組みから整理した戦術名と，管理帳表を整理して抽出したKPIを整理し，マトリックスでその関係を網掛けして示す。図表7-15はその一部を抜粋して示したものである。

[図表7-15] 既存の管理帳表から抽出・整理した戦術とKPIの関係：抜粋

既存KPI（月次定例会議資料より抽出）				売掛金の圧縮	在庫の圧縮	利益の増大	製造経費の削減	一般経費の削減	生産・販売・在庫のバランス	平準化生産による製造経費の削減	営業活動の活性化	価格の値上げ交渉	新製品開発の促進	
売上高	国内事業	売上高												（省略）
		変動費												
売上高	製品	国内事業	売上高											
			数量（台）											
		海外事業	売上高											
			数量（台）											
	OEM製品	国内事業	売上高											
		合計	売上高											
	売上総利益率													
	売上総利益率													
合計	売上高													
	売上総利益													
	売上総利益率													
FCF														
（省略）														

(2)　「戦略展開フロー」を使って，最適な戦術と最適なKPIを設定する

　「戦略展開フロー」の「戦略・戦術マトリックス」を使って，戦術名を抽出し，さらに，「KPIプール」を使って，その戦術名に対応するKPI候補を抽出し，整理した。

　図表7-16では，「KPIプール」から抽出された戦術候補と，同じく「KPIプール」から抽出したKPI候補を示す。抽出した戦術候補は83であり，KPI候

補は678であった。このうち，既存帳票からの戦術候補は32であり，新規の戦術候補は51である。抽出し整理した戦術名とKPI候補をコンサルタントと経営幹部が討議し，最適な戦術と最適なKPIを設定する作業を行った。

特に同社の次期中計での課題とした新製品開発やブランドについて，具体的な戦術候補とKPI候補を用いて議論することができた。討議の結果，設定した戦術は19で，KPIは169個であり，その戦術とKPIの関係をひもづけた。図表7-16はその一部を抜粋して示したものである。

(3) 「戦略展開フロー」を使って，戦術とKPIと業務機能の関係を整理する

「KPIプール」を使って，戦術名から，関連する業務機能候補を抽出した。次に，その業務機能候補をもとにして，コンサルタントと経営幹部が討議し，業務プロセス改革の改善対象業務を設定した。

討議においては，「戦略展開フロー」では，戦術に対するKPI候補と業務プロセス改革対象業務を同時に抽出することができるので，双方を同時に確認しながら，討議することができた。具体的には，最適なKPIに対して，業務プロセス改革対象業務の管理，統制水準を同時に論じることができ，短時間で最適なKPIと業務プロセス改革対象業務を設定することができた。

成果として，新たに提示できた戦術と最適なKPIと業務プロセス改革対象業務の関係を図表7-17に一部を抜粋して示す。

同社は，次期中期経営計画作成のための指針である「業務改革検討ガイド」を作成するにあたって，「戦略展開フロー」を活用することによって，2カ月間でまとめることができた。具体的には，経営者や経営幹部の考えている戦略の方向性を確認し，その戦略を具体化した戦術に展開して，その戦術を実現するためのKPIと業務プロセス課題を明確にすることができた。

[図表7-16]「戦略展開フロー」による戦術候補とKPI候補の整理：抜粋

既存のKPIから抽出した戦術候補

縦軸（戦術候補、上→下）：
- キャッシュフローの改善
- シェアの拡大
- 営業効率の向上
- 外注費の適正化
- 業務効率の向上
- 顧客内シェアの拡大
- 顧客別収益の向上
- 差別化戦略
- 在庫コストの削減
- 在庫水準の適正化
- 在庫回転率の向上
- 財務安全性の確保
- 収益力の向上
- 生産効率のアップ
- 生産数量のアップ
- 製品の品質向上
- 製造コストの削減
- 地域戦略
- 投下資本の回収
- 売上高の増大
- 売上債権の早期回収
- 販売コストの削減
- 販売戦略
- 販管固定費削減
- 費用低減
- 保有資産の有効活用
- 不採算事業の把握
- 利益の増大
- 労働環境の整備

（省略）

対応するKPI
- FCF
- 営業活動からのキャッシュフロー
- キャッシュ・マージン
- 配当を除いたキャッシュフロー
- 配当を含んだキャッシュフロー
- CF
- DCF
- 商品・サービス別収益
- 総売上高に対する特許品売上高の割合
- 大学への研究開発費支出額
- 大学への研究者の派遣数
- R&D額
- R&D額対売上の比率
- R&D投資あたりの特許取得件数
- 製品開発のリードタイム
- 売上高研究開発費率

「既存のKPIから抽出した戦術候補」と対応するKPIに紐づいた新たな戦術候補

新製品開発
- グローバルな開発優位性の確保
- サプライヤーとの共同開発
- コア・コンピタンスの整理
- 開発技術力の向上
- 開発力の強化
- 外部リソースの活用
- 技術力の強化
- 競争力のある技術の開発と活用
- 研究リソースの活用
- 研究スタッフ教育の強化
- 研究開発の重点化
- 研究開発員の評価制度の確立
- 研究開発投資の適正配置
- 研究開発効率の向上
- 研究開発投資の回収
- 研究開発力の強化
- 研究開発体制強化
- 研究開発資産の戦略的な配分
- 研究者のスキルアップ
- 研究者のモチベーションの向上
- 研究者からのアイデアの増大
- 研究成果の評価
- 研究成果の積極的な活用
- 新商品・新サービスによる市場の創出

（省略）

ブランド
- 他社製品との差別化
- 特許・知的財産の戦略的な運用
- ブランドイメージの確立
- ブランドイメージの定着
- ブランドターゲット戦略
- ブランド力強化
- Webを利用した販売促進
- ニーズにあった商品の開発

新規顧客の開拓
- マーケッターによる提案資料の整備
- 新規顧客の獲得数アップ
- 新顧客への売上高増大
- 新製品の開発強化

[図表7-17] 戦術, KPIと業務プロセス改革対象業務:抜粋

	財務の視点			顧客の視点			内部プロセス					の視点	学習と成長				対応する業務		
	売上高の増大	利益の増大	キャッシュフローの改善	シェアの拡大	ブランド力強化	新規顧客の獲得	顧客内シェアの拡大	差別化戦略	販売戦略	顧客ニーズに合った製品の開発	新カテゴリー・新製品の拡大	在庫水準の適正化	生産効率の向上	市場ニーズの早期製品化	営業力の強化	研究開発体制強化	新製品の開発強化	レベル0	レベル1	レベル2
指標名	2	2	2	2	2	2	2	2	2	2	2	2	2	2	2	2	2			
納品遅延率																		販売管理	情報管理	販売情報分析
部品の内製化率																		開発・設計	製品開発	製品開発計画立案
部品の共有化率																		開発・設計	製品開発	製品開発計画立案
対業界比の販売量増加率																		販売管理	情報管理	販売情報分析
開発コスト削減率																		開発・設計	設計工数管理	設計工数管理
生産原価削減率																		開発・設計	設計工数管理	設計工数管理
生産効率																		開発・設計	設計工数管理	設計工数管理
債権回収予定遵守率																		財務会計	債権管理	督促管理
受取勘定回転率																		財務会計	債権管理	売掛金(債権)残高の管理
流通情報入手率																		販売管理	情報管理	販売情報分析
手直し発生数																		製造	品質管理	製品検査
手直し発生率																		製造	品質管理	製品検査
外注不良発生率																		製造	品質管理	製品検査
社内不良発生率																		製造	品質管理	製品検査
工場稼働率																		製造	情報管理	生産情報
設備稼働率																		製造	情報管理	生産情報
ボトルネック工程における設備稼働率																		製造	情報管理	生産情報
新規案件の獲得率																		販売管理	販売契約管理	引合(販売)
R&D額対売上の比率																		管理会計	予算策定	全社方針
加工高比率																		製造	情報管理	生産情報

(省略)

第8章
まとめと展望

　日本の製造業の置かれている状況，すなわち，製造業の海外事業展開により，製造だけでなく，生産管理や調達などの管理業務も海外移管が進んでいることや，国内においては生産数量が増えない中で，業務プロセス改革が必要になっていることなどをふまえて，国内と海外の業務プロセス連携による業務プロセス改革が必要になっている。

　本章では，まず，本書で述べた内容を概観し，次に業務プロセス改革において本書で述べた考え方と手法の今後の展望について述べる。

8.1　業務プロセス改革における可視化手法の概観

　「第1章　業務プロセス改革における3つのレベル」では，業務レベル，管理レベル，戦略レベルの視点からの取り組みが必要になっている。その最も基本である業務の可視化の手法の開発をはじめとして，それぞれ，業務レベル，管理レベル，戦略レベルにおける業務プロセス改革のための新手法の開発の概要を示し，実戦での考察を経て結論に至る筋道を示した。

　「第2章　業務プロセス改革における『業務機能プール』の活用」では，考案した加工組立型製造業の業務機能調査表（雛形）をベースにして，その業務機能調査表に自己チェックで業務を可視化するチェック項目を追記し，業務の現状を可視化する手法である「業務機能プール」を考案した。

　さらに，「業務機能プール」で可視化された情報を，業務フローで表現する

手法を考案した。

「第3章 『業務機能プール』を活用した業務プロセス改革の事例」では，実際に製造業の業務プロセス改革プロジェクトに適用して，その効果を考察した。「業務機能プール」を使った業務抽出支援法は，実際に業務プロセス改革プロジェクトで適用した結果，業務の可視化と業務課題の抽出に役立つことがわかった。

また，日本企業の海外生産拠点における新業務設計ならびに業務システムの開発・導入プロジェクトで，効率的かつ効果的に活用できることを実践で確認した。

「第4章 『KPIプール』による業務プロセス改革」では，多くの業務プロセス改革事例からKPIを収集整理し，KPIの設定を支援するツール「KPIプール」を開発した。

「第5章 『KPIプール』による業務プロセス改革の事例」では，実際に製造業の業務プロセス改革プロジェクトに適用して「KPIプール」の効果を考察した。「KPIプール」を使ったKPI抽出支援法はプロジェクトメンバーの思考する力（知識や知恵など）を支援し，最適なKPIの設定に有効であると考えられ，実際に業務プロセス改革プロジェクトで適用した結果，経営管理の改善に役立つKPIを抽出できることがわかった。

「第6章 『戦略展開フロー』による業務プロセス改革」では，今までに考案した「業務機能プール」と「KPIプール」を同時に使うと，当該企業で明示された経営戦略に対して，

① それを具体的な実行計画に変換すること，すなわち戦術を従来よりも網羅的かつ迅速に整理できる
② 戦術と関連する業務プロセス改革対象の業務機能候補とKPI候補が同時にかつ的確に抽出できる

と考えた。

そして，具体的に，「戦術・KPI・業務機能」のセットを抽出し，業務プロセス改革対象の業務機能候補とKPI候補をひもづける方法として「戦略展開フロー」を考案した。

「第7章 『戦略展開フロー』による業務プロセス改革の事例」では，この方法を実際にコンサルタントや企業における業務プロセス改革推進メンバーなどを対象とした業務プロセス改革研修に適用し，その効果を確認した。すなわち，研修受講者のほとんどにおいて「戦略展開フロー」を活用すれば自信をもって業務プロセス改革が推進できるようになるという認識をしたことがアンケート調査により確認できた。

さらに，実務で中堅の機械製造業に「戦略展開フロー」を適用して，経営計画策定において，戦術の抽出，KPIの設定および業務プロセス改革の対象業務の特定に役立つことがわかった。

8.2 今後の展望

業務プロセス改革を効率的かつ効果的に推進するための手法に関する課題と，業務プロセス改革プロジェクト以外の分野への適用に関する課題に分けて提示する。

8.2.1 業務プロセス改革を効率的かつ効果的に推進するための手法に関する課題

(1) 考案した「業務機能プール」の拡張と加工組立型製造業以外の業種への拡大

現在の「業務機能プール」は，自動車部品製造業を代表とする加工組立型製造業を対象にして，レベル3で437の標準業務機能を整理した「業務機能プール」をもとにして開発されている。

現在の「業務機能プール」は，加工組立型製造業において，実際の業務との適合性が高いことが確認されているが，その他の業種の製造業における適用実績はまだ少ない。また，流通サービス業における適用は一社にとどまっている。

そこで，他の業種における「業務機能プール」を作成することによって，「戦略展開フロー」の活用の場が広がり，より効率的に業務プロセス改革プロジェクトが推進されることが期待できる。

(2) 考案した「KPIプール」の拡張と今後の研究

　現在の「KPIプール」は，膨大にあると思われるKPIの数に対して，収集整理できているのは，1,697である。今後，「KPIプール」におけるKPI数をさらに増やしていくことによって，変化する企業環境に対応したKPIが抽出され，最適なKPIの設定ができると考えられる。

　また，「KPIプール」は業種を特定せずに収集整理したが，「業務機能プール」をさまざまな業種に適合できるように整理することで，それぞれの業種における業務機能とKPIを関連づけて整理することができると考えられる。

　その結果，業種ごとの戦略，戦術とKPIならびに業務機能を整理して提示できることによって，経営管理における新たな視点が発見できる可能性がある。

(3) 対象とする業務機能分野の拡大

　現在の「業務機能プール」は製造業の基幹業務の一部である販売管理，調達管理，製造，在庫管理，物流管理，原価計算，財務会計，管理会計，開発・設計，サービスについて，その業務機能を整理している。実際に，「業務機能プール」の適用事例が増えるにつれて，コンサルティングの実務で，人事管理ならびに営業に関する機能の追加の要求が多い。人事管理は，経営を行うにあたってその基本になる人に関する機能である。また，営業は既存の事業の拡大に必要な機能である。

　2015年6月時点では，人事管理と営業の「業務機能プール」が完成し，すでに数社で試行され，その効果が確認された。

　今後はさらに対象機能を拡大させることによって，より広範囲に業務プロセス改革における改善への取り組みや経営管理の可視化が可能になると考えられる。

(4) ISPプロジェクトにおける新業務設計への適用

　業務を業務機能と業務プロセスの両面から把握するとともに，業務プロセス改革活動において，業務機能と業務プロセスの両面から現状業務の分析と新業務の設計を可能にする「業務機能プール」を考案し，自動車部品製造業のISP

プロジェクトに適用し，実際に機能とプロセスの両面から新業務を効率的かつ効果的に設計し導入できることがわかった。

今後は，「戦略展開フロー」をISPプロジェクトに適用することによって，次のような効果が見込める可能性がある。

① 新業務の設計だけではなく，戦略や戦術とひもづいた業務プロセス改革の一環として，ISPプロジェクトを推進できる可能性がある
② 新業務設計と同時に，その戦略や戦術にひもづいたKPIを関連づけて設計することができる可能性がある
③ そのKPIを生成する業務を特定することによって，必要なKPIを確実に生成できることを新業務の設計段階で検証できる可能性がある

(5) 新人や中堅社員の能力向上のための教育研修の開発

「戦略展開フロー」を用いて，業務プロセス改革研修を行った。研修におけるアンケート調査で，「戦略展開フロー」による研修が従来法に比較して高い評価を獲得した。さらに，差分では，従来法と比較して，「戦略展開フロー」を用いた場合には，新人，中堅，ベテランの順に高い評価を獲得した。このことにより，「戦略展開フロー」は特に新人や中堅に対してその効果が大きく，今後は業務改革プロジェクトのみでなく，人材育成のための研修にも適用できる可能性があるといえる。

そこで，「戦略展開フロー」を使った教育研修プログラムを開発し，新人ならびに中堅のビジネスコンサルタントの育成に適用することによって，研修参加者が企業の現場でより活躍することを支援できる可能性がある。

また，企業の業務プロセス改革プロジェクトメンバーにも同様の教育研修を行うことによって，研修参加者が戦略から戦術へ，さらにKPIの設定およびそのKPIを生成する業務機能の抽出ができる人材育成に役立つ可能性がある。

業務プロセス改革を推進するビジネスコンサルタントと，企業のプロジェクトメンバーが協同で行う業務プロセス改革プロジェクトの場合には，双方のメンバーの能力向上に役立てることによって，業務プロセス改革プロジェクトがより効率的かつ効果的に推進されると思われる。

5.2.2 業務プロセス改革プロジェクト以外の分野への適用に関する課題

(1) **海外事業会社の業務監査ならびに経営管理のモニタリングへの活用**

　日本の製造業は，今後，特にアジアを中心に生産拠点の海外移管が進むと思われる。そこでは，日本国内を経由しないビジネスが増えて，日本本社で把握できない取引が増加し，グループ内取引における国をまたがる部品や製品が増えていることにより，業務管理がますます複雑になっている。

　一方では，拠点別に基幹業務を遂行する情報システムが，それぞれ個別に作られたことにより，各国でマスター情報の定義の違いによる拠点間の仕組みの不整合が存在し，問題解決への取り組みが困難になっている。

　さらに，海外生産拠点においては，日本国内と異なり，高い離職率によって，十分なオペレーション教育が間に合わず，基本的な受け払い処理さえできていない現状がある。現地での生産量が増えることで，海外生産拠点のオペレーションの劣化問題が顕在化し，国内・海外連携での"業務品質"の向上が急務になっている。

　そこで，「業務機能プール」を使って，業務統一と統一後の「新業務の維持・管理」および「組織変更や業務プロセスの変更に対応した業務マニュアル等の管理」を効率的かつ効果的に行う手法の開発が期待できる。

(2) **経営計画策定への適用**

　中堅の機械製造業を対象にして，中期経営計画作成にあたり，「戦略展開フロー」を活用して，短期間で「戦略・戦術・KPI・対象業務機能」のセットをつくる事例について考察した。具体的には，「戦術・KPI・業務機能」の前後関係を段階的に検討するのではなく，具体的な戦術に対して，KPI候補と業務機能候補を同時に抽出することによって，最適なKPIの設定と，必要な業務機能の設定を同時並行で議論し，その効果を確認した。

　成果を経営計画の策定に適用することによって，経営計画策定作業を効果的かつ効率的に遂行できる可能性がある。

(3) ABLにおける最適なKPIの設定への適用

　業務機能と業務プロセスの両面から現状業務を分析し，さらに新業務の設計を可能にする「業務機能プール」を地方銀行の取引先企業に適用し，資金の貸し手である銀行と資金の借り手である企業の双方において，業務の可視化による現状把握と課題抽出が効率的に行われ，銀行による経営改善支援と企業における業務プロセス改革の推進に役立つことがわかった。

　一方，業務プロセス改革プロジェクトにおいて，改善された業務の成果を計測するためには，KPIが有効なツールであり，最適なKPIの設定を支援するツール「KPIプール」を考案した。この「KPIプール」を活用することで，経営管理の改善に役立つKPIを的確に効率よく抽出できることがわかった。

　さらに，今までに考案した「業務機能プール」と「KPIプール」を同時に使うと，当該企業で明示された経営戦略に対して，「戦術・KPI・業務機能」のセットを抽出し，改革対象の業務機能候補とKPI候補をひもづける方法として「戦略展開フロー」を考案した。

　そこで，これらの成果を銀行業界における取引先の資金調達手段の1つであるABL（Asset-Based Lending：動産・売掛金担保融資）の分野に適用することが考えられる。

　背景として，銀行業界では不動産価値の低下により貸出しが低調で，貸出しの増加のためには動産担保の活用が必要であり，金融庁もABLの積極的な活用を推進している[1]。

　しかし，実際には活性化していない実態がある。動産を担保とする場合はその動産の有り高情報の信頼性と最適なKPIによるモニタリングが必要であるが，貸し手も借り手もモニタリングの対象となる経営情報の量と質，すなわち，直接のモニタリングデータである動産データの正確性と信頼性が十分でないことが理由の1つと考えられる。

---

[1] 2013年2月5日付，金融庁による報道発表資料「ABL（動産・売掛金担保融資）の積極的活用について」において，「金融庁では，ABL（動産・売掛金担保融資）の積極的な活用を推進することにより，中小企業等が経営改善・事業再生等を図るための資金や，新たなビジネスに挑戦するための資金の確保につながるよう，今般，金融検査マニュアルの運用の明確化を行うこととしました」との内容に関する資料が発表された。

そこで，取引先の経営計画を具体化するにあたり，経営課題に対する戦略に対して，具体的な戦術と最適なKPIを設定し，改善すべき業務プロセスを特定して，取引先と共有する。それによって，貸出先である銀行と借り手である取引先の信頼関係が高まることによって，ABLがより積極的に活用される可能性が高い。すなわち，最適なKPIを設定するだけでなく，取引先の経営計画の具体化までも共有することにより，貸し手である銀行のリスクが低減すれば，貸出しは増えていくものと期待される。

　本書では，業務プロセス改革にスポットライトを当てて，業務レベル，管理レベル，戦略レベルのそれぞれの視点から，課題解決のための手法を考案し，実務での適用について述べた。すなわち，業務プロセス改革の最も基本となる現状業務の可視化から，経営管理におけるKPIの設定，さらには戦略展開までを視野に入れた取り組みである。

　これらは特に，グローバルに事業展開する企業が直面する複雑な経営管理の側面で，経営者が直面する経営管理課題に対して，効率的でかつ効果的な課題解決のための取り組み方法を提供することができる。

参考文献

[欧文文献]
⑴　Parmenter, D., *Key Performance Indicators- Developing, Implementing, and Using Winning KPIs*, 2nd Edition,John Wiley & Sons, 2010.
⑵　Creelman, J.& Makhijani, N., *Succeeding with the Balanced Scorecard*, John Wiley & Sons（Asia）Pte Ltd., 2005.
⑶　Kaplan, R. S. & Norton, D. P., "The balanced scorecard- Measures that Drive Performance", *Harvard Business Review*, Jan-Feb., pp.71-80,1992.

[和文文献]
⑴　ACME編,『マネジメントの基礎知識　コンサルタント・管理者のための手引き』,日本能率協会, 1979。
⑵　市村清,『統合報告 導入ハンドブック』,第一法規株式会社, 2013。
⑶　カルロス・ゴーン(著), 中川治子(訳),『ルネッサンス―再生への挑戦―』, ダイヤモンド社, 2001。
⑷　栗谷仁,『最強の業務プロセス改革―利益と競争力を確保し続ける統合的改革モデル―』, 東洋経済新報社, 2012。
⑸　経済産業省,『海外事業活動基本調査』, 2013。
⑹　D.K.クリフォード, R.E.キャバナー,『ウイニングパフォーマンス』, プレジデント社, 1986。
⑺　桜井久勝,『財務諸表分析〈第5版〉』, 中央経済社, 2012。
⑻　柴崎知己,『情報システム計画の立て方・活かし方』, かんき出版, 2005。
⑼　スティーブン・M・フォロニック,『リエンジニアリングの為の業績評価基準』, 産能大学出版部, 1994。
⑽　平山賢二,「リエンジニアリングの包括的アプローチ」,『企業会計』第46巻第4号, 87-94頁, 1994。
⑾　マイケル・ハマー, ジェイムズ・チャンピ,『リエンジニアリング革命』, 日本経済新聞社, 1993。
⑿　森本朋敦・小池亮,『四半期開示時代の連結経営管理と実践手法』, 税務研究会, 2007。
⒀　ラリー・ボシディ, ラム・チャラン,『経営は実行』, 日本経済新聞社, 2003。
⒁　ロバート・S・キャプラン, デヴィド・P・ノートン,『戦略バランスト・スコアカード』, 東洋経済新報社, 2001。
⒂　「IT Leaders,【ERPの導入状況を調査】ERP導入企業は34.8％　経営改革や業績管理に活用する動きも」(株式会社インプレスWEB, 2013年2月7日)。http://it.impressbm.co.jp/articles/-/10320（2014年9月28日参照）

索　引

■■■ 欧文・数字 ■■■

4×3マトリックス法……………77
5つの視点法………………80
ABL（Asset-Based Lending：
　動産・売掛金担保融資）………6, 165
BPMN ………………………17
BPR（Business Process
　Re-engineering）………………11
COBIT ………………………28
ERPパッケージ………………11
ERPパッケージ研究推進フォーラム…14
Excelの検索機能…………10, 89
Excelのフィルタ機能……………90
Excelのプルダウン機能…………44
FIT＆GAP……………………40
GYR（Green, Yellow, Red）の
　信号表示………………102
iGrafx ………………………18
IR（Investor Relations）………19
ISP（Information Systems Planning）
　…………………………5, 162
KPI設定支援の仕組み……………9
KPI抽出および設定………………5
KPIデータの生成……………123
KPIにひもづいた戦略……………9
KPIマネジメント………………97
KPIを抽出し，設定するための
　支援手法………………76
M：Nの関係…………………121
MES …………………………100
SCM（サプライチェーンマネジメント）
　………………93, 108, 133
SPSS …………………………137

■■■ あ ■■■

アーサーアンダーセン……………11
相反する要素の目標を同時に達成する
　活動………………………76
当たり前指標……………………98
あるべき姿………………………13
アンケート調査………………130
安定した業務運営………………73
入れ子構造……………………36, 49
因果関係のある指標………………82
インターフェース情報……………36
ウオーターフォール・モデル………11
うまくいっている，うまくいって
　いない法………………82
演繹法…………………………117

■■■ か ■■■

カーツ株式会社…………………25
海外移管………………………159
海外事業会社の業務監査………6, 164
海外事業の拡大…………………68
海外進出………………………68
海外生産拠点のオペレーション……164
改善対象業務…………………106
外部専門家………………………71
加工組立型製造業……………4, 32
可視化………………4, 7, 9, 28, 43
貸出先…………………………18
貸出審査………………………62
貸し手である銀行のリスクが低減…166
仮説の検証……………………136

課題解決の立案	9	業務プロセス改革	1
稼働率	93	業務プロセス改革研修	25, 129, 130
カラム	90	業務要件やシステム要件	13
管理会計	94	業務レベル	4
管理帳表	151	業務レベルの課題	7
管理レベル	4	業務を機能記述で体系化	17
管理レベルの課題	7	業務を数値化	43
基幹業務システム	102	拠点間の仕組みの不整合	164
企業における基幹業務	13	グローバルな競争	99
帰納法	88	グローバルに事業展開する企業	166
キャッシュフロー計算書	22	グローバルプレーヤー	99
キャッシュフローの改善	108	経営会議	102
教育研修	163	経営会議資料	151
業務・システム診断	15	経営改善支援	4, 62
業務改革検討ガイド	150	経営管理	19
業務管理	164	経営管理における新たな視点	162
業務機能	2, 32, 36	経営管理のモニタリング	6, 164
業務機能間の関係	16	経営計画	5
業務機能調査表	17, 31	経営計画策定	6
業務機能と業務フローの双方向からの変換機能	59	経営計画策定支援	62
業務機能と業務フローの双方向の変換	9	経営計画書	106
業務機能の範囲	72	経営指導	62
業務計画書	106	経営者が直面する経営管理課題	166
業務経験	139	経営者の意思	105
業務個数	139	経営戦略	5
業務システム	68	経営戦略・戦術と整合性のある業務プロセス改革	7, 10
業務成熟度	56	経営戦略の実行	22
業務設計・組織設計のプログラム	72	経営戦略の立案	22
業務テンプレート（雛形）	60	計画稼働率	95
業務とプロセスの構想設計	72	継続的業務改善	82
業務の仕組みの詳細設計	72	月次報告	102
業務の成熟度	23	原価管理	94
業務品質の向上	164	検索キー	109
業務フロー	36	検索ツールの開発	115
業務フロー図	49	研修受講者	130
業務フローの自動作成	9	研修受講者の能力の拡大と深化	145
		研修プログラム	129, 132

現状業務課題の共有化	9	自動車部品製造業の集積地	67
現状業務の課題	7	地場産業の育成	62
現状業務の把握と可視化の作業の生産性	67	四半期報告	102
合意形成の効率化	9	指標（業績評価指標：Performance Indicator）	20
工場損益	94	指標間の因果関係	82
顧客視点でのKPI	85	充足率	54
顧客満足	85, 87	重点実施項目	106
コミットメント	20	従来法の限界	92
コミュニケーション力	83	上位指標	76
コミュニケーションツール	17	情報システム	38, 53
		所要日数	65
━━ さ ━━		新業務の設計	59
在庫回転率	84	人材育成	67, 149, 163
在庫削減	85, 134	新製品の売上高比率	108
在庫照会時間	85	新製品の開発スピード	108
在庫保有高	84	スケジュール調整	154
最適なKPIの設定	9, 76	住野工業	18
最適なKPIの抽出	83	成功プロジェクト	73
最適なKPIの設定	76, 82	生産管理	33
財務諸表	63	生産拠点の海外移管	164
差分（増分）	142	生産計画の多頻度化	120
サン・プラニング・システムズ	50	生産性向上	94
支援するツール	92	成熟度モデル	28
次期中期経営計画	150	製造業の海外事業展開	159
事業再生	62	製造拠点	117
事業存続リスク	62	製品の組み立てや検査	94
資金調達手段	165	設備稼働率	94
資金の借り手である企業	18	先行指標	95
自己評価	137	戦術・KPI・業務機能のセット	125
システム開発における投資意思決定	13	戦術・KPI・業務の一体化	10
システム化のレベル	59	戦術の整理	9
システム化を伴う業務プロセス改革プロジェクト	15	戦略・戦術・KPIの関連性	10
システム機能の範囲	72	戦略・戦術にひもづいた業務プロセス改革対象業務	7
実現可能性	102	戦略・戦術の実現	7
実行計画	128	戦略・戦術マトリックス	5, 10
自動車部品製造業	5, 32	戦略区分	88

戦略との整合性……………………… 106
戦略マップ……………………… 99, 100
戦略レベル………………………………4
相関係数………………………………139
相関分析………………………………137
双方向で変換…………………………49
損益計算書…………………………22, 63

━━━━ た ━━━━

貸借対照表…………………………22, 63
代用特性………………………………95
達成レベル…………………………… 106
谷村電気精機株式会社………………21
中期経営計画……………………………6
中期経営計画の変革指標……………98
中心値………………………………… 143
長期戦略………………………………98
定着率…………………………………73
適合率…………………………………14
統合基幹業務システム………………13
動産担保の活用…………………… 165
同時検索機能……………………… 127
導入教育の実施・導入………………72
トップマネジメントの関与…………13
取引先企業の経営計画の策定………62
取引先企業の経営実態………………62

━━━━ な ━━━━

名寄せ………………………………… 120
日本の製造業のグローバル生産拠点
　展開…………………………………15
年度報告……………………………… 102
納期順守率……………………………85
能力のある質問者……………………83

━━━━ は ━━━━

バランスト・スコアカード（BSC）…19
バランスのとれたKPI候補……………76
板金加工………………………………94
ビジネスコンサルタントの育成…… 163
ビジネスプロセス・モデル…………17
日立ディスプレイズ株式会社………21
広島銀行………………………………18
不安定な仕組み………………………59
複数の検索キー…………………… 124
不動産担保……………………………62
部品の加工工場………………………94
プレゼンテーション……………… 143
フローチャート………………………17
プロジェクト関係者……………… 153
プロジェクト推進……………………13
プロジェクトの大規模化……………14
プロセス改革研修………………………5
平均値………………………………… 143
ベスト・プラクティス………………12
保有資産………………………………95

━━━━ ま ━━━━

マツダ株式会社………………………21
マネジメントコンサルティング……17
明文化された経営戦略や経営計画… 105
モニタリング…………………………20
問題の共有化…………………………59

━━━━ や ━━━━

ユーザー部門の要求仕様……………13

━━━━ ら ━━━━

離職率…………………………………73
連結キー……………………………… 107

[著者紹介]

平山　賢二（ひらやま　けんじ）

大阪府立大学工学部航空工学科卒業。
株式会社ティエルヴィにて原子力機器の品質管理，製造，生産管理などの管理職を歴任の後，住友ビジネスコンサルティング株式会社（現：日本総合研究所）を経てアーサーアンダーセンに入社。アジアパシフィックの製造業担当パートナー，朝日アーサーアンダーセン株式会社代表取締役。2001年アットストリームコンサルティング株式会社（現：株式会社アットストリーム）を共同設立し，代表取締役社長，会長を経て2015年7月顧問。合同会社ジンバル代表。博士（経営学）（甲南大学）。

＜主な専門領域＞

自動車・自動車部品製造業，液晶・電機部品製造業，食品ならびにプロセス型製造業などの生産改革，SCM改革，経営管理制度改革，KPIマネジメントによる経営管理改革など。

＜著書＞

『ミッションマネジメント～価値創造企業への変革～』（共著）生産性出版，1997年，『ABCマネジメント理論と実践』（共著）ダイヤモンド社，1997年，『e生産革命』（共著）東洋経済新報社，2000年，『儲けるものづくり』工業調査会，2003年，『勝つ現場力』日本能率協会コンサルティング，2003年，『勝つ改善力』日本能率協会コンサルティング，2006年。

業務プロセス改革：業務を可視化する考え方と実践法

2015年8月10日　第1版第1刷発行

著者　平　山　賢　二
発行者　山　本　憲　央
発行所　㈱中央経済社

〒101-0051　東京都千代田区神田神保町1-31-2
電話　03(3293)3371(編集部)
　　　03(3293)3381(営業部)
http://www.chuokeizai.co.jp/
振替口座　00100-8-8432
印刷／東光整版印刷㈱
製本／誠　製　本㈱

©2015
Printed in Japan

＊頁の「欠落」や「順序違い」などがありましたらお取り替えいたしますので小社営業部までご送付ください。（送料小社負担）
ISBN978-4-502-15071-5　C3034

JCOPY〈出版者著作権管理機構委託出版物〉本書を無断で複写複製（コピー）することは，著作権法上の例外を除き，禁じられています。本書をコピーされる場合は事前に出版者著作権管理機構（JCOPY）の許諾を受けてください。
JCOPY〈http://www.jcopy.or.jp　eメール：info@jcopy.or.jp　電話：03-3513-6969〉